사계절의 기도

사계절의 기도
이해인 기도시 모음

1993년 5월 15일 초판
2018년 12월 1일 개정판 1쇄(25쇄)
2020년 2월 26일 개정판 3쇄(27쇄)

지은이	이해인
펴낸이	박현동
펴낸곳	성 베네딕도회 왜관수도원 분도출판사
찍은곳	분도인쇄소

등록	1962년 5월 7일 라15호
주소	04606 서울 중구 장충단로 188 분도빌딩 102호(분도출판사 편집부)
	39889 경북 칠곡군 왜관읍 관문로 61(분도인쇄소)
전화	02-2266-3605(분도출판사) · 054-970-2400(분도인쇄소)
팩스	02-2271-3605(분도출판사) · 054-971-0179(분도인쇄소)
홈페이지	www.bundobook.co.kr

ⓒ 이해인 2018
ISBN 978-89-419-1819-6 03810

이 책은 저작권법에 따라 보호를 받는 저작물이므로 무단 전재와 무단 복제를 금합니다.

이해인 기도시 모음

사계절의 기도

분도출판사

시인의 말

『사계절의 기도』를 새롭게 꽃피우며

일 년 열두 달, 철 따라 부르고 싶은 마음의 노래들을 한데 모으는 일은 언제나 행복하고 즐겁습니다. 봄·여름·가을·겨울 사계절에 맞는 다양한 시들을 엮은 외국의 어떤 문집을 보고 영감을 받은 제가 우리 수녀님들을 위한 원내의 자료집으로 만들어 쓰던 것을 1993년 『사계절의 기도』라는 제목으로 분도출판사에서 초판을 냈습니다.

그 당시 개인적으로는 수도서원 25주년을 기념하는 뜻도 포함되어 있었습니다. 2001년과 2007년 두 차례에 걸쳐 표지도 바꾸고 약간의 수정 작업을 한 이후 이 책을 생각보다 많은 분들이 애용하는 걸 보고 기뻤습니다.

목사님이나 스님들도 종종 이 책을 기도 모임에서 사용하는 걸 보았고 모임에서 만난 어느 목사님은 "사계절의 기도는 나에게 부담임 목사와도 같은 역할을 해 주니 얼마나 고마운지요! 이용료도 내지 않고 우리 주보에 하도 많이 발췌해 쓰는 게 죄송할 정도입니다"라고 고백한 일이 있습니다.

초판을 낸 이후 다시 25년이 지난 올해는 제가 수도서원 50주년을 맞는 뜻깊은 해이기도 하기에 그동안 쓴 기도시들을 보완하여 개정증보판을 내게 되었습니다. 제3부 대림시기부터 위령성월까지 가톨

릭 전례력에 따른 기도시들 외에는 딱히 종교적이 아닌 일상의 주제들도 많습니다. 작품들은 늘 아쉽고 부족함이 많지만 부디 이 시집이 예전처럼 많은 독자들의 사랑을 받기를 기대하고 싶습니다.

이 시집을 저의 오늘이 있게 해 준 수도공동체와 오랜 나날 이심전심으로 자매적 우정을 키워 온 나의 동기 수녀님들에게 바치고 싶습니다. 첫서원 공동 모토인 "실상 필요한 것은 한 가지뿐입니다"(루카 10,42)라는 구절을 가만히 읊조려 봅니다. "내가 당신의 사랑을 영원히 노래하리이다. 당신의 미쁘심을 대대로 전하리이다"(시편 89,1)라는 구절을 새로운 약속처럼 가슴에 되새깁니다.

끝으로 200편의 시들을 가려 뽑아 구성해 준 분도출판사, 표지 그림을 그려 주신 조광호 신부님, 그리고 축하의 글을 써 주신 내 친척 아우 이숭원 문학평론가님에게 감사드립니다.

2018년 11월 1일 모든 성인 대축일에
부산 광안리 성 베네딕도 수녀원에서
이해인 클라우디아 수녀

차례

시인의 말 · 004

PART 1 일상의 기도
어제의 열매이며 내일의 씨앗인 오늘

새해 새해엔 산 같은 마음으로 · 019
　　 희망에게 · 022
　　 새해 아침에 · 024
　　 새 힘을 주소서 · 026
　　 새로움의 강이 되게 하소서 · 029
　　 다시 시작하는 기쁨으로 · 032
　　 무지개 빛깔의 새해 엽서 · 036
　　 새해엔 이런 사람이 · 039
　　 새해 마음 · 043
　　 설날 아침 · 045
기쁨 기쁨이란 · 046
　　 기뻐하게 하소서 · 048
　　 기쁨에게 · 051
　　 작은 기쁨 · 053
　　 기쁨의 맛 · 055
　　 기쁨 꽃 · 057
　　 기쁨이란 반지는 · 059
행복 행복에게 · 060
　　 행복의 얼굴 · 062
　　 행복도 새로워 · 064

	가까운 행복 · 065
시간	시간의 선물 · 066
	시간은 · 067
	시간도 바빠서 · 068
마음	마음이 마음에게 · 069
	마음을 위한 기도 · 071
	마음에 대하여 · 078
듣기	듣게 하소서 · 080
	들음의 길 위에서 · 084
	듣기 · 087
보기	보게 하소서 · 089
	밤의 기도 · 092
언어	말의 빛 · 094
	말을 위한 기도 · 095
	어느 말 한 마디가 · 099
	고운 말 · 101
	나를 키우는 말 · 103
감사	어떤 기도 · 104
	감사하는 마음은 · 105
	감사 예찬 · 108
	감사의 기쁨 · 110
위로	나를 위로하는 날 · 111
	슬픈 사람들에겐 · 113
	위로의 방법 · 114
	위로자의 기도 · 116

　　　　아픈 이들을 위하여 · 117
휴가　휴가 때의 기도 · 118
　　　　바다로 가는 길 · 122
　　　　산 위에서 · 123
추석　달빛 기도 · 125
　　　　한가위 · 126
　　　　달빛 인사 · 128
송년　저무는 이 한 해에도 · 130
　　　　송년 엽서 · 135
　　　　12월의 엽서 · 137
　　　　한 해를 돌아보는 길 위에서 · 140
　　　　십이월의 촛불 기도 · 143

PART 2 묵상의 기도
마음 깊은 곳에 치는 기도의 그물

- 성서 성서와 함께 · 151
  성서 예찬 · 153
  성서 · 155
- 복음 깊은 데로 가서 그물을 · 157
  우물가의 사마리아 여인처럼 · 159
- 예수 문이신 예수님께 · 161
  샘이신 예수님께 · 163
  빛이신 예수님께 · 165
  길이신 예수님께 · 167
  나무이신 예수님께 · 169
  바위이신 예수님께 · 171
  지혜이신 예수님께 · 173
  태양이신 예수님께 · 175
  기쁨이신 예수님께 · 177
  평화이신 예수님께 · 178
  침묵이신 예수님께 · 179
  구세주이신 예수님께 · 180
- 성소 부르심 1 · 182
  부르심 2 · 184
  당신을 따른다는 것은 · 186

　　　　수녀 1 · 187
　　　　수녀 2 · 188
　참회　고백성사 · 189
　　　　고해성사 · 191
　　　　후회 · 193
　　　　부끄러운 고백 · 195
　　　　다시 드리는 기도 · 197
　　　　어떤 결심 · 200
　　　　후회뿐인 기도 · 201
　　　　큰 죄 · 203
　　　　종이에 손을 베고 · 205
　고통　환자의 편지 · 207
　　　　마지막 편지 · 210
　　　　아픈 날의 일기 · 212
　　　　몸이 하는 말 · 213
　　　　아픈 날의 편지 · 214
　　　　아픈 날의 기도 · 215
　　　　통증 단상 · 216
　　　　아픈 날의 고백 · 218
　　　　암세포에 대한 푸념 · 219
　노년　어느 노인의 고백 · 221
　　　　어느 노인의 기도 · 222
　　　　노년의 기도 일기 · 226

PART 3 전례의 기도
당신과 함께 깨어날 한 점 눈부신 어둠

대림 1주　길이신 이여 오소서 · 231
　　　　 이제는 우리가 먼저 · 235
　　　　 다시 대림절에 · 238
대림 2주　당신의 목소리를 들으며 · 240
　　　　 성모님과 함께 · 243
대림 3주　기쁨 주일의 기도 · 246
대림 4주　성탄 준비 · 251
　　성탄　구유 앞에서 · 253
　　　　 성탄 밤의 기도 · 258
　　　　 성탄 편지 · 262
　　　　 성탄 인사 · 264
　　　　 주님의 오심으로 · 266
　　　　 당신은 우리에게 · 271
　　　　 예수님의 이름을 부르는 것만으로도 · 275
　　　　 당신만이 빛이시오니 · 280
　　　　 당신께서 오신 세상 속으로 · 284
　　　　 우리는 믿습니다 · 288
　주님 공현　별이 되게 하소서 · 292
성 요셉 성월　성 요셉을 기리며 · 296
　　사순절　재의 수요일 아침에 · 298

　　　　　또다시 당신 앞에 · 300
　　　　　사랑과 침묵과 기도의 사순절에 · 303
　　　　　이젠 다시 사랑으로 · 306
성금요일　성금요일의 기도 · 310
　　　　　오늘도 십자가 앞에 서면 · 312
성토요일　부활 소곡 · 314
　부활절　부활절의 기도 · 316
　　　　　어서 빛으로 일어나 · 319
　　　　　부활절의 기쁨으로 · 321
　　　　　기쁨으로 불을 놓게 하소서 · 323
　　　　　이제 당신이 오시어 · 327
성모 성월　어머니 당신의 5월이 오면 · 328
　　　　　오늘은 꽃과 불 속에 · 332
　　　　　성모님께 바치는 시 · 335
　　　　　5월의 시 · 340
　　　　　성모님께 · 342
　　　　　사랑은 찾아 나서는 기쁨임을 · 345
　　　　　다시 어머니를 향한 그리움으로 · 349
　　　　　길 위에서의 기도 · 353
　　　　　어머니, 당신을 부르면 · 356
　　　　　성모님께 드리는 기도 · 360
예수 성심　예수님 마음 · 363
　　　　　성심이신 예수님께 · 366
성모 승천　저희도 오르게 하소서 · 368
　　　　　울게 하소서 어머니 · 370

	어머니 우리가 당신을 부르면 · 373
순교자	오직 사랑 때문에 · 377
	피 묻은 님들이여 · 380
	김대건 신부님께 1 · 382
	김대건 신부님께 2 · 384
	무명無名의 순교자 앞에 · 386
	새롭게 불러 보는 당신 이름은 · 388
묵주 기도 성월	묵주의 기도 · 392
위령 성월	가신 이에게 · 395
	그대 차가운 손을 · 398
	순례자의 기도 · 399
	11월에 · 401
	하관 · 403
	마지막 기도 · 405
	죽음을 잊고 살다가 · 407
	마지막 손님이 올 때 · 408
	어떤 죽은 이의 말 · 410

PART 4 소명의 기도
새롭게 사랑하는 기쁨으로

봉사 새롭게 사랑하는 기쁨으로 · 415
소명 어느 교사의 기도 · 418
　　　의사의 기도 · 420
　　　간병인의 기도 · 422
　　　환자의 기도 · 424
가족 가족을 생각하면 · 426
　　　우리 집 · 427
　　　매일 보는 식구들인데 · 429
　　　가족들에게 꽃을 드립니다 · 430
용서 용서하십시오 1 · 433
　　　용서하십시오 2 · 438
　　　용서를 위한 기도 · 441
　　　용서의 기쁨 · 445
　　　용서의 꽃 · 447
　　　용서하기 · 449
　　　용서 일기 · 450
나눔 나눔에 대한 묵상 기도 · 452
　　　선물의 집 · 456
청소년 5월의 편지 · 457
　　　십 대들을 위한 기도 · 458

	산처럼 바다처럼 · 462
장애인	오직 사랑만이 문이 되게 하소서 · 464
만남	만남의 길 위에서 · 469
	초대의 말 · 473
	차를 마셔요, 우리 · 476
	꽃마음으로 오십시오 · 479
	차 한잔 하시겠어요? · 481
결혼 축시	사랑의 사람들이여 · 483
사제	은총의 사람들이여 · 485
	사제를 위한 연가 · 488
종신 서원 축시	동그란 사랑의 삶을 · 491
서원	반지 · 494
	사랑의 약속 · 495
피정	함께 걷는 길 위에서 · 496
나라 생각	우리를 흔들어 깨우소서 · 498
	우리 모두 초록빛 평화가 되게 하소서 · 502
평화	평화로 가는 길은 · 506
	평화를 위한 기도 · 507

축하의 글 · 510

PART 1 일상의 기도

어제의 열매이며
내일의 씨앗인 오늘

새해

새해엔 산 같은 마음으로

언제 보아도 새롭게 살아오는
고향 산의 얼굴을 대하듯
새로운 마음으로 맞이하는 또 한 번의 새해

새해엔 우리 모두
산 같은 마음으로 살아야 하리
산처럼 깊고 어질게
서로를 품어 주고 용서하며
집집마다 거리마다
사랑과 평화의 나무들을 무성하게 키우는
또 하나의 산이 되어야 하리

분단의 비극으로
정든 산천, 가족과도 헤어져 사는
우리의 상처받은 그리움마저
산처럼 묵묵히 참고 견디어 내며
희망이란 큰 바위를 치솟게 해야 하리

어제의 한과 슬픔을
흐르는 강물에 띄워 보내며
우리도 산처럼 의연하게

우뚝 서 있어야 하리

우리네 가슴에 쾅쾅 못질을 하는
폭력, 전쟁, 살인, 미움, 원망, 불신이여 물러가라
삶의 흰 빛을 더럽히는
분노, 질투, 탐욕, 교만, 허영, 이기심이여 사라져라
"새해 복 많이 받으세요"
어디선가 흰 새 한 마리 날아와
새해 인사를 건넬 것만 같은 아침
찬란한 태양빛에 마음을 적시며
우리는 간절히 기도해야 하리

남을 나무라기 전에
자신의 잘못부터 살펴보고
이것저것 불평하기 전에
고마운 것부터 헤아려 보고
사랑에 대해 쉽게 말하기보다
실제로 사랑하는 사람이 되도록
날마다 새롭게 깨어 있어야 하리

그리하여 잃었던 신뢰를 되찾은 우리

삼백 예순 다섯 날 매일을
축제의 기쁨으로 꽃피워야 하리

색동의 설빔을 차려입은 어린이처럼
티 없이 순한 눈빛으로
이웃의 복을 빌어 주는 새해 아침

사랑하는 이의 얼굴을 대하듯
언제 보아도 새롭고 정다운
고향 산을 바라보며 맞이하는
또 한 번의 새해

새해엔 우리 모두
산 같은 마음으로 살아야 하리
언제나 서로를 마주 보며
변함없이 사랑하고 인내하는
또 하나의 산이 되어야 하리

새해

희망에게

하얀 눈을 천상의 시詩처럼 이고 섰는
겨울나무 속에서 빛나는 당신
1월의 찬물로 세수를 하고
새벽마다 당신을 맞습니다

답답하고 목마를 때 깎아먹는
한 조각 무 맛 같은 신선함

당신은 내게
잃었던 꿈을 찾아 줍니다
다정한 눈길을 주지 못한 나의 일상에
새 옷을 입혀 줍니다

남이 내게 준 고통과 근심
내가 만든 한숨과 눈물 속에도
당신은 조용한 노래로 숨어 있고
"새해 복 많이 받으세요"라는
우리의 인사말 속에서도 당신은
하얀 치아를 드러내며 웃고 있습니다
내가 살아 있음으로
또다시 당신을 맞는 기쁨

종종 나의 불신과 고집으로
당신에게 충실치 못했음을 용서하세요

새해엔 더욱 청청한 마음으로
당신을 사랑하며 살겠습니다

새해

새해 아침에

창문을 열고
밤새 내린 흰 눈을 바라볼 때의
그 순결한 설렘으로
사랑아
새해 아침에도
나는 제일 먼저
네가 보고 싶다
늘 함께 있으면서도
새로이 샘솟는 그리움으로
네가 보고 싶다
새해에도 너와 함께
긴 여행을 떠나고
가장 정직한 시를 쓰고
가장 뜨거운 기도를 바치겠다

내가 어둠이어도
빛으로 오는 사랑아
말은 필요 없어
내 손목을 잡고 가는 눈부신 사랑아
겨울에도 돋아나는
내 가슴속 푸른 잔디 위에

노란 민들레 한 송이로
네가 앉아 웃고 있다

날마다 나의 깊은 잠을
꿈으로 깨우는 아름다운 사랑아
세상에 너 없이는
희망도 없다
새해도 없다

내 영혼 나비처럼
네 안에서 접힐 때
나의 새해는 비로소
색동의 설빔을 차려입는다
내 묵은 날들의 슬픔도
새 연두저고리에
자줏빛 끝동을 단다
아름다운 사랑아

새해

새 힘을 주소서

새해 아침
빨갛게 익은 해를 첫 그리움인 양 품고
당신을 부릅니다
부르면 부를수록
놀랍고 두려운 사랑의 주님

정성 없이 불러 오던 당신 이름을
새맑은 새 아침의 목소리 뽑아
다시 찬미드립니다
따스한 빛과 불의 향기로
모든 것을 새로이 구워 내는 주님

오늘의 우리를 있게 하시고
내일의 우리도 있게 하시는
끝없는 창조의 당신
때로는 칼을 든 군사처럼
부수고 무너뜨리어
좋은 것 이루시는 희망의 주님

우리 모습이 당신의 뜻과 같지 않음을
시시로 한탄하며 이렇게 왔습니다

보잘것없는 믿음으로 이렇게 왔습니다
기쁠 때엔 감사하지 않고
슬플 때엔 희망하지 않고
편리한 "운명"과 악수하며
적당히 살아왔습니다

당신을 사랑하지 않은 것이
전심으로 사랑하지 않은 것이
죄가 되는 까닭을 알지 못했습니다

우리가 잘못을 거듭해도
용서를 거듭하는 진리의 주님
부디 힘을 주소서 우리에게
당신을 바로 보고 바로 듣는
밝은 눈 밝은 귀
피 흘려도 사랑을 외칠 입을 주소서

당신만이 머무실 마음의 처소가
헛된 우상의 소굴이 아니 되도록
수없는 욕망에서 탈출해야겠습니다

갈 길을 재촉하는 말발굽 소리에
달아오른 마음으로 예복을 차려입는
출발의 아침
지엄한 당신의 무궁한 사랑을 생각하면
가슴이 뜁니다

허영에 들뜬 우리 마음일랑
모조리 흔들어 없애 주시고
아무리 걸어도 지치지 않는
아무리 뛰어도 고단치 않는 (이사 40,31)
힘을 주소서 우리에게
사랑으로 태어나게 축복하소서
당신을 섬기는 우리 생애가
싱싱한 기쁨의 축제로 피어날
젊고 날랜 슬기 닳지 않는 새 힘을 주소서

새해

새로움의 강이 되게 하소서

우리가 당신께 희망을 두고 살아가는 모든 날은
언제라도 새날 새아침인 것을 다시 알게 해 주시는
새해 첫날의 하느님

땅속 깊이 내려가
채광을 시작하는 광부처럼
우리도 삶의 깊은 갱 속에서
당신의 숨은 뜻을 열심히 캐어 내어 갈고닦는
은총의 한 해가 되게 하소서

가야 할 곳도 너무 많고
만나야 할 사람도 너무 많고
볼 것, 들을 것, 말할 것 너무 많아
더욱 바쁘고 복잡해진
우리네 일상사의 고단함을
기도의 맑은 물에 적시며
우리 모두 새해에는
바다인 주님을 향해 출렁이는
강이 되게 하소서

하늘과 산, 구름과 나무

가슴에 받아안고
조용히 흘러가는 강물처럼
이웃의 슬픔과 아픔
눈물과 고뇌를 내것으로 받아안는
어머니 같은 강이 되게 하소서

눈과 얼음 밑에서도
따스한 노래를 멈추지 않는
기쁨의 긴 강이 되게 하소서

우리가 당신께 감사를 새롭히며 살아가는 모든 날은
언제라도 새날 새아침인 것을
다시 알게 해 주시는 주님

당신을 믿을수록
마음에 자리하는 당신의 부재不在로
때로는 앞이 캄캄해지고
당신을 사랑할수록
당신의 오랜 침묵이 두려워지는
어둠의 순간들까지도
살아 있는 기도로 받아 주시는 주님

우리 모두 새해에는
사랑으로 흐르는 것밖엔 달리 할 일이 없는
새로움의 강이 되게 하소서
복잡한 세상의 논리를
단순한 사랑의 진리로 덮으며
쉬임 없이 흘러가는
용서와 온유의 강이 되게 하소서

사랑이신 당신 안에
우리가 사랑으로 시작하는 모든 날은
언제라도 새날 새아침인 것을 다시 알게 해 주시는
새해 첫날의 하느님
찬미받으소서

새해

다시 시작하는 기쁨으로

첫눈, 첫사랑, 첫걸음
첫약속, 첫여행, 첫무대
처음의 것은
늘 신선하고 아름답습니다
순결한 설렘의 기쁨이
숨어 있습니다

새해 첫날
첫기도가 아름답듯이
우리의 모든 아침은
초인종을 누르며
새로이 찾아오는 고운 첫손님

학교로 향하는 아이들의
나팔꽃 같은 얼굴에도
사랑의 무거운 책임을 지고
현관문을 나서는 아버지의 기침 소리에도
가족들의 신발을 가지런히 하는
어머니의 겸허한 이마에도
아침은 환히 빛나고 있습니다

새아침의 사람이 되기 위하여
밤새 괴로움의 눈물 흘렸던
기다림의 그 시간들도
축복해 주십시오, 주님

"듣는 것은 씨 뿌리는 것
실천하는 것은 열매 맺는 것"이라는
성 아오스딩의 말씀을 기억하며
우리가 너무 많이 들어서
겉돌기만 했던 좋은 말들
이제는 삶 속에 뿌리내리고 열매 맺는
은총의 한 해가 되게 하십시오

사랑과 용서와 기도의 일을
조금씩 미루는 동안
세월은 저만치 비켜 가고
어느새 죽음이 성큼 다가옴을
항시 기억하게 하십시오

게으름과 타성의 늪에 빠질 때마다
한없이 뜨겁고 순수했던

우리의 첫 열정을 새롭히며
다시 시작하는 기쁨으로
다시 살게 하십시오

보고 듣고 말하는 일
정을 나누는 일에도
정성이 부족하여
외로움의 병을 앓고 있는 우리

가까운 가족끼리도 낯설게 느껴질 만큼
바쁘게 쫓기며 살아가는 우리
잘못해서 부끄러운 일 많더라도
어둠 속으로 들어가지 말고
밝은 태양 속에 바로 설 수 있는
용기를 주십시오

길 위의 푸른 신호등처럼
희망이 우리를 손짓하고
성당의 종소리처럼
사랑이 우리를 재촉하는 새해 아침

아침의 사람으로 먼 길을 가야 할 우리 모두
다시 시작하는 기쁨으로
다시 살게 하십시오

새해

무지개 빛깔의 새해 엽서

빨강 — 그 눈부신 열정의 빛깔로
새해에는
나의 가족, 친지, 이웃들을
더욱 진심으로 사랑하고
하느님과 자연과 주변의 사물
생명 있는 모든 것을 사랑하겠습니다
결점이 많아 마음에 안 드는 나 자신을
올바로 사랑하는 법을 배우렵니다

주황 — 그 타오르는 환희의 빛깔로
새해에는
내게 오는 시간들을 성실하게 관리하고
내가 맡은 일들에는
인내와 정성과 책임을 다해
알찬 열매 맺도록 힘쓰겠습니다

노랑 — 그 부드러운 평화의 빛깔로
새해에는
누구에게나 밝고 따스한 말씨
친절하고 온유한 말씨를 씀으로써
듣는 이를 행복하게 하는

지혜로운 매일을 가꾸어 가겠습니다

초록 — 그 싱그러운 생명의 빛깔로
새해에는
크고 작은 어려움이 힘들게 하더라도
절망의 늪으로 빠지지 않고
초록빛 물감을 풀어 희망을 짜는
희망의 사람이 되겠습니다

파랑 — 그 열려 있는 바다빛으로
새해에는
더욱 푸른 꿈과 소망을 키우고
이상을 넓혀 가며
도전을 두려워하지 않는 용기로
삶의 바다를 힘차게 항해하는
부지런한 순례자가 되겠습니다

남색 — 그 마르지 않는 잉크빛으로
새해에는
가슴 깊이 묻어 둔 사랑의 말을 꺼내
편지를 쓰고, 일기를 쓰고

시를 쓰고, 그림을 그리며
사색의 뜰을 풍요롭게 가꾸는
창조적인 기쁨을 누리겠습니다

보라 — 그 은은한 신비의 빛깔로
새해에는
잃어버렸던 기도의 말을 다시 찾아
고운 설빔으로 차려입고
하루의 일과를 깊이 반성할 줄 알며
감사로 마무리하는 사람이 되겠습니다
내가 원하는 것을
다른 이에게 거듭 강요하기보다는
조용한 실천으로 먼저 깨어 있는
침묵의 사람이 되렵니다

새해 복 많이 받으세요!
빨·주·노·초·파·남·보
일곱 가지 무지개 빛깔로
새로운 결심을 꽃피우며
또 한 해의 길을 우리 함께 떠나기로 해요

새해

새해엔 이런 사람이

새해 첫날
제 마음에 펼쳐지는 수평선 위에
첫 태양으로 떠오르시는 주님
새해라고 하여 새삼 놀랍고
새로운 것을 청하진 않겠습니다
날마다 지녀 왔던 일곱 가지 염원
오늘은 사라지지 않는 무지개 빛깔로
제 마음속에 다시 걸어 두겠습니다

평범하지만 가슴엔 별을 지닌 따뜻함으로
어려움에도 절망하지 않고
신뢰와 용기로써 나아가는
기도의 사람이 되게 해 주십시오

더도 말고 덜도 말고
정월의 보름달만큼만
환하고 둥근 마음
나날이 새로 지어 먹으며
밝고 맑게 살아가는
희망의 사람이 되게 해 주십시오

저의 삶에 새해라는
또 하나의 문을 열어 주신 주님
이 문을 통해
세상을 바라보고
사람을 바라보며
옳고 그른 것을 잘 분별할 줄 아는
지혜의 사람이 되게 해 주십시오

너무 튀지 않는 빛깔로
누구에게나 친구로 다가서는 이웃
그러면서도 말보다는 행동이
뜨거운 진실로 앞서는
사랑의 사람이 되게 해 주십시오
넓고 큰 인류애엔 못 미치더라도
제 주변을 다사롭게 하는
조그만 사랑부터 시작하고 싶습니다
그늘진 곳에 골고루 빛을 보내는 해님처럼
누구에게나 차별 없이 인정을 베푸신 주님처럼
골고루 사랑하는 법을
저도 조금씩 배워 가고 싶습니다

오랜 기다림과 아픔의 열매인
마음의 평화를 소중히 여기며
화해와 용서를 먼저 실천하는
평화의 사람이 되게 해 주십시오
그날이 그날 같은 평범한 일상에서도
새롭게 이어지는 고마움이 기도가 되고
작은 것에서도 의미를 찾아 지루함을 모르는
기쁨의 사람이 되게 해 주십시오

그리고 할 수만 있다면
임종의 순간까지 기다리지 말고
평소에도 죽음 준비를 하도록 도와주십시오
욕심을 버리는 연습
자기 뜻을 포기하는 연습을 통해
죽음을 준비하는 사람
오늘은 지상에 충실히 살되
내일은 홀연히 떠날 준비가 되어 있는
순례의 사람이 되게 해 주십시오

비오니 이 모든 것
헛된 꿈이 아닌

참된 현실이 될 수 있도록
도움을 청합니다, 주님 …

새해

새해 마음

늘 나에게 있는
새로운 마음이지만
오늘은 이 마음에
색동옷 입혀
새해 마음이라 이름 붙여 줍니다

일 년 내내
이웃에게 복을 빌어 주며
행복을 손짓하는
따뜻한 마음

작은 일에도 고마워하며
감동의 웃음을
꽃으로 피워 내는
밝은 마음

내가 바라는 것을
남에게 먼저 배려하고
먼저 사랑할 줄 아는
넓은 마음

다시 오는 시간들을
잘 관리하고 정성을 다하는
성실한 마음

실수하고 넘어져도
언제나 희망으로
다시 시작할 준비가 되어 있는
겸손한 마음

곱게 설빔 차려입은
나의 마음과 어깨동무하고
새롭게 길을 가니
새롭게 행복합니다

새해

설날 아침

햇빛 한 접시
떡국 한 그릇에
나이 한 살 더 먹고

나는 이제
어디로 가는 것일까요

아빠도 엄마도
하늘에 가고
안 계신 이 세상
우리 집은 어디일까요

일 년 내내
꼬까옷 입고 살 줄 알았던
어린 시절 그 집으로
다시 가고 싶네요

식구들 모두
패랭이꽃처럼 환히 웃던
그 시간 속으로
들어가고 싶네요

기쁨

기쁨이란

매인 데 없이 가벼워야만
기쁨이 된다고 생각했다

한 톨의 근심도 없는
잔잔한 평화가
기쁨이라고

석류처럼 곱게
쪼개지는 것이
기쁨이라고
생각하며 살았다

며칠 앓고 난
지금의 나는

삶이 가져오는
무거운 것
슬픈 것
나를 힘겹게 하는
모욕과 오해 가운데서도
기쁨을 발견하여

보석처럼 갈고닦는 지혜를
순간마다 새롭게 배운다

내가 순해지고 작아져야
기쁨은 빛을 낸다는 것도
다시 배운다

어느 날은
기쁨의 커다란 보석상을
세상에 차려 놓고
큰 잔치를 하고 싶어

기쁨

기뻐하게 하소서

항상 기뻐하는 이의 마음에
더 많은 기쁨의 씨앗을 뿌려 주시는 주님
저로 하여금
아무리 작은 씨앗이라도
정성껏 가꾸어 꽃피우게 하시고
잘 익은 열매에서 짜낸
향기로운 기쁨의 즙을
이웃에게도 한잔씩 건네주며
당신을 찬미하는 매일이 되게 하소서

햇빛과 공기와 바람
물과 불과 흙
가족과 친지와 이웃처럼
너무 가까이 있기에 오히려 소홀하기 쉬운
제 주변의 사물과 사람들을
더욱 새로운 눈으로 바라보고
새로운 마음으로 사랑하는 가운데
감사의 기쁨을 새롭히게 하소서

부활하신 주님을 뵙고
기뻐서 어쩔 줄을 몰랐던 그 제자들처럼

저도 당신을 만나 계속되는
은혜로운 삶의 기쁨을 노래하게 하소서

당신이 제게 선물로 주신
삶과 존재와 시간을
"죽고 싶다" "지겹다"
"그저 그렇다" "별것 아니다" 등의
부정적인 말로 푸념하며
몹시 지쳐 있는 순간에도, 주님
힘없고 떨리는 음성으로나마
당신을 부르는 믿음과 기도의 기쁨으로
새 힘을 얻게 하소서

슬픔과 절망과 고뇌의 불로 구워 내
빛나고 단단해진 기쁨의 보석들을
더욱 열심히 갈고닦는
은총의 매일이 되게 하소서

정성을 다한 선행
아낌없이 자신을 쏟아부은 봉사가
아무런 보답도 받지 못하고

비난과 오해의 대상이 될 때라도 주님
이를 흔연히 받아들일 줄 알게 하시며
남에게 잊혀지는 쓸쓸함을 통해
자신에게 눈을 뜨는 겸허한 기쁨을
조금씩 맛들이게 하소서

온전한 기쁨의 원천이신 주님
저로 하여금 자연의 섭리에 순응하는 나무들처럼
너무 덤비지도 않고 너무 느리지도 않게
당신의 뜻을 찾아 응답하는
기쁨의 명수名手가 되게 하소서
그리하여 어느 날
제가 이 세상을 떠난 후에도
당신과 함께 영원한 나라에서
영원한 기쁨을 노래하게 하소서

기쁨

기쁨에게

기쁨아, 너는
맑게 흘러왔다
맑게 흘러나가는
물의 모임이구나

빠르게 느리게
높게 낮게 모여드는
강, 바다
호수, 폭포

조금씩 모습을 바꾸며
흘러오는 너를
나는 그때마다
느낌으로 안다

모든 맑은 물이 그러하듯
기쁨아, 누구도 너를
혼자만 간직할 수 없음을
세상은 안다

그래서

흐르는 생명으로 네가 오면
나도 너처럼
멀리 흘러야 한다
메마른 세상을 적시며 흐르는
웃지 않는 세상에 노래를 주는
한 방울의 기쁨으로
깨어 있어야 한다

기쁨

작은 기쁨

사랑의 먼 길을 가려면
작은 기쁨들과 친해야 하네

아침에 눈을 뜨며
작은 기쁨을 부르고
밤에 눈을 감으며
작은 기쁨을 부르고

자꾸만 부르다 보니
작은 기쁨들은
이제 큰 빛이 되어
나의 내면을 밝히고
커다란 강물이 되어
내 혼을 적시네

내 일생 동안
작은 기쁨이 지어 준
비단옷을 차려입고
어디든지 가고 싶어
누구라도 만나고 싶어

고맙다고 말하면서
즐겁다고 말하면서
자꾸만 웃어야지

기쁨

기쁨의 맛

바람에 실려
푸르게 날아오는
소나무의 향기 같은 것

꼭꼭 씹어서 먹고 나면
더욱 감칠맛 나는
잣의 향기 같은 것

모든 사람을
차별 없이 대하고
사랑할 때의
평화로움 같은 것

누가 나에게
싫은 말을 해도
내색 않고
잘 참아 냈을 때의
잔잔한 미소 같은 것

날마다 새롭게
내가 만들어 먹는

기쁨 과자 기쁨 초콜릿
기쁨 음료수

그래서 나는
평생 배고프지 않다

기쁨

기쁨 꽃

한 번씩
욕심을 버리고
미움을 버리고
노여움을 버릴 때마다
그래그래
고개 끄덕이며
순한 눈길로
내 마음에 피어나는
기쁨 꽃 맑은 꽃

한 번씩
좋은 생각 하고
좋은 말 하고
좋은 일 할 때마다
그래그래
환히 웃으며
고마움의 꽃술 달고
내 마음 안에 피어나는
기쁨 꽃 밝은 꽃

한결같은 정성으로

기쁨 꽃 피워 내며
기쁘게 살아야지
사랑으로 가꾸어
이웃에게 나누어 줄
열매도 맺어야지

기쁨

기쁨이란 반지는

기쁨은
날마다 내가 새로 만들어
끼고 다니는 풀꽃 반지
누가 눈여겨보지 않아도
소중히 간직하다가
어느 날 누가 내게 달라고 하면
이내 내어 주고 다시 만들어 끼지
크고 눈부시지 않아
더욱 아름다워라
내가 살아 있는 동안
많이 나누어 가질수록
그 향기 더하네
기쁨이란 반지는

행복

행복에게

어디엘 가면
그대를 만날까요

누구를 만나면
그대를 보여 줄까요

내내 궁리하다
제가 찾기로 했습니다

하루하루 살면서
부딪치는 모든 일

저무는 시간 속에
마음을 고요히 하고

갯벌에 숨어 있는
조개를 찾듯

두 눈을 크게 뜨고
그대를 찾기로 했습니다

내가 발견해야만
빛나는 옷 차려입고

사뿐 날아올
나의 그대

내가 길들여야만
낯설지 않은 보석이 될
나의 그대를

행복

행복의 얼굴

사는 게 힘들다고
말한다고 해서
내가 행복하지 않다는 뜻은
아닙니다

내가 지금 행복하다고
말한다고 해서
나에게 고통이 없다는 뜻은
정말 아닙니다

마음의 문
활짝 열면
행복은
천 개의 얼굴로

아니 무한대로
오는 것을
날마다 새롭게 경험합니다

어디에 숨어 있다
고운 날개 달고

살짝 나타날지 모르는
나의 행복

행복과 숨바꼭질하는
설렘의 기쁨으로 사는 것이
오늘도 행복합니다

행복

행복도 새로워

날마나 순간마다
숨을 쉬고 살면서도
숨 쉬는 고마움을
잊고 살았네

내가 사랑하고
사랑받는 일 또한
당연히 마시는 공기처럼
늘 잊고 살았네

잊지 말자
잊지 말자
다짐을 하면서

다시 숨을 쉬고
다시 사랑하는

눈에 보이지 않는
모든 것
새롭게 사랑하니
행복 또한 새롭네

행복

가까운 행복

산 너머 산
바다 건너 바다
마음 뒤의 마음
그리고 가장 완전한
꿈속의 어떤 사람

상상 속에 있는 것은
언제나 멀어서
아름답지

그러나 내가
오늘도 가까이
안아야 할 행복은

바로 앞의 산
바로 앞의 바다
바로 앞의 내 마음
바로 앞의 그 사람

놓치지 말자
보내지 말자

시간

시간의 선물

내가 살아 있기에
새롭게 만나는 시간의 얼굴
오늘도 나와 함께 일어나
초록빛 새옷을 입고
활짝 웃고 있네요
하루를 시작하며
세수하는 나의 얼굴 위에도
아침 인사를 나누는
식구들의 목소리에도
길을 나서는
나의 신발 위에도
시간은 가만히 앉아
어서 사랑하라고 나를 재촉하네요
살아서 나를 따라오는 시간들이
이렇게 가슴 뛰는 선물임을 몰랐네요

시간

시간은

내가 기쁘면
시간도 춤을 추고
내가 슬프면
시간도 눈물 흘리네

내가 살아 있는 그만큼만
시간은 내게 와서 꽃으로 피네
기다리고 또 기다리고
흐르고 또 흐르면서
내가 살아 있는 그만큼만
시간은 생명이 되네
물속에 달속에
내 맘속에
고요히 잠겨 있어도
움직이는 시간들

시간

시간도 바빠서

요즘은
시간도 바빠서
늘
뛰어다니네

사람들이 바쁘니
시간도 쉴 틈 없어
피곤하다 투정하네

우리가 왜 이러지?
서로의 얼굴
마주 보며
슬퍼하네

조금은 여유 있던 옛날을
자꾸만 그리워하며
우리도 시간 속의 웃음을 찾아
슬며시 손잡아 보네

마음

마음이 마음에게

내가 너무 커 버려서
맑지 못한 것
밝지 못한 것
바르지 못한 것

누구보다
내 마음이
먼저 알고
나에게 충고하네요

자연스럽지 못한 것은
다 욕심이에요
거룩한 소임에도
이기심을 버려야
순결해진답니다

마음은 보기보다
약하다구요?
작은 먼지에도
쉽게 상처를 받는다구요?

오래오래 눈을 맑게 지니려면
마음 단속부터 잘해야지요

작지만 옹졸하진 않게
평범하지만 우둔하진 않게
마음을 다스려야
맑은 삶이 된다고
마음이 마음에게 말하네요

마음

마음을 위한 기도

늘 푸른 소나무처럼 한결같은 마음을
지니게 해 주십사고 기도합니다

자신이 맡은 일에 정성을 다하는 성실함, 어떤 모양으로든지 관계를 맺는 이들에게는 변덕스럽지 않은 진실함을 지니고 매일을 살고 싶습니다. 힘겨운 시련이 닥치더라도 쉽게 좌절하지 않고 견디어 내는 참을성으로 한 번밖에 없는 삶의 길을 끝까지 충실히 걷게 해 주십시오.

숲속의 호수처럼 고요한 마음을
지니게 해 주십사고 기도합니다

시끄럽고 복잡하게 바삐 돌아가는 숨찬 나날들에도 방해를 받지 않고 중심을 잡을 수 있는 마음의 고요를 키우고 싶습니다. 바쁜 것을 핑계로 자주 들여다보지 못해 왠지 낯설고 서먹해진 제 자신과도 화해할 수 있는 고요함, 밖으로 흩어진 마음을 안으로 모아들이는 맑고 깊은 고요함을 지니게 해 주십시오. 고요한 기다림 속에 익어 가는 고요한 예술로서의 삶을 기대해 봅니다. 마음이 소란하고 산만해질 때마다 시성 타고르가 그리한 것처럼 저도 "내 마음이여, 조용히, 내 마음이여, 조용히" 하고 기도처럼 고백하고 싶습니다.

하늘을 담은 바다처럼 넓은 마음을
지니게 해 주십사고 기도합니다

지나친 편견과 선입견으로 남을 가차 없이 속단하기보다는 폭넓게 이해하고 포용하는 너그러움을 지니고 싶습니다. 내 가족, 내 지역, 내 종교만의 좁은 울타리를 벗어나 마음을 넓히는 시원함으로 나라를, 겨레를, 세계를 좀 더 넓게 바라보고 좀 더 넓게 사랑하게 해 주십시오.

밤새 내린 첫눈처럼 순결한 마음을
지니게 해 주십사고 기도합니다

어떤 일이 있더라도 악과 타협하지 않고 거짓과 위선을 배격하는 정직한 마음, 탐욕에 눈이 멀어 함부로 헛된 맹세를 하지 않으며, 작은 약속도 소홀히 하지 않는 진지함을 지니고 싶습니다. 감각적인 쾌락에 영혼을 팔지 않으며, 자유와 방종을 혼동하지 않는 지혜로움, 어린이 같은 천진함으로 하느님과 이웃을 전적으로 믿고 신뢰하는 용기를 지니게 해 주십시오.

사랑의 심지를 깊이 묻어 둔 등불처럼
따뜻한 마음을 지니게 해 주십사고 기도합니다

기뻐하는 이와 함께 기뻐하고 슬퍼하는 이와 함께 슬퍼할 수 있는 부드럽고 자비로운 마음, 다른 이의 아픔을 값싼 동정이 아니라 진정 나의 것으로 느끼고 눈물 흘릴 수 있는 연민의 마음을 지니고 싶습니다. 남에 대한 사소한 배려를 잊지 않으며, 칭찬과 격려를 아끼지 않는 따뜻한 마음, 주변에 우울함보다는 기쁨을 퍼뜨리는 밝은 마음, 아무리 속상해도 모진 말로 상처를 주지 않는 온유한 마음으로 하루하루가 평화의 선물이 되게 해 주십시오.

가을 들녘의 볏단처럼 익을수록 고개 숙이는
겸손한 마음을 주십사고 기도합니다

부끄러운 약점과 실수를 억지로 감추기보다는 오히려 자연스럽게 인정하는 마음, 자신의 잘못을 비겁하게 남의 탓으로 미루지 않는 겸허함을 지니고 싶습니다. 다른 이의 평판 때문에 근심하고 불안해하거나 초조해하지 않는 의연함을 잃지 않게 해 주십시오. "내일은 내가 이 세상에 없을지도 몰라" 하는 깨어 있음으로 삶의 유한성을 받아들이며, 오늘 해야 할 용서를 내일로 미루지 않는 겸손함을 지니게 해 주십시오.

살아 있는 동안은 나이에 상관 없이 능금처럼
풋풋하고 설레는 마음을 주십사고 기도합니다

사람과 자연과 사물에 대해 창을 닫지 않는 열린 마음, 삶의 경이로움에 자주 감동할 수 있는 시인의 마음을 지니고 싶습니다. 타성에 젖어 무디고 둔하고 메마른 삶을 적셔 줄 수 있는 예리한 감성을 항상 기도로 갈고닦게 해 주십시오.

마음

마음에 대하여
— 마음 찾기

1
숨어 있기 싫어서인가?
가끔은 내 마음도
집 밖으로 외출을 한다

그가 빨리 돌아오지 않아
내내 불안하고
잠이 오지 않았다

그를 기다리는 시간이
지루하고 괴로웠다

2
내내 밖으로 서성이다
오랜만에
제자리로 돌아온
마음이여 고맙다

네가 가출한 동안은
단순한 일도 손에 안 잡히고
아무것도 할 수 없었다

울면서 기도해도
대답 없던 시간들

네가 돌아와
나의 삶은 다시
기쁨이 되었다

주인인 내가 너무 무관심해서
화가 났다구?

이젠 나도 잘할게

다시 만난 기념으로
아침엔 녹차 한잔
저녁엔 포도주 한잔 할까?

듣기

듣게 하소서

주님 저로 하여금
이웃의 말과 행동을
잘 듣는 사람이 되게 하소서

제 하루의 작은 여정에서
제가 만나는 모든 이의 말과 행동을
건성으로 들어 치우거나
귀찮아하는 표정과 몸짓으로
가로막는 일이 없게 하소서

이웃을 잘 듣는 것이
곧 사랑하는 길임을
제가 성숙하는 길임을 알게 하소서

이기심의 포로가 되어
제가 듣고 싶은 말만 적당히 듣고
돌아서면 이내 잊어버리는 무심함에서
저를 구해 주소서

저의 도움을 필요로 하는 이에게
못 들은 척 귀막아 버리고

그러면서도 "시간이 없으니까"
"잘 몰랐으니까" 하며 핑계를 둘러대는
적당한 편리주의, 얄미운 합리주의를
견책하여 주소서

주님 저로 하여금
주어진 상황과 사건을
잘 듣는 사람이 되게 하소서

앉아야 할 자리에 앉고
서야 할 자리에 서고
울어야 할 때에 울고
웃어야 할 때에 웃을 수 있는
민감하게 듣고 순응하는
삶의 지혜를 깨우치게 하소서

주님 저로 하여금
자신을 잘 듣는 사람이 되게 하소서

나를 잘 듣는 사람만이
남을 잘 들을 수 있음을

당신을 잘 들을 수 있음을
거듭 깨우치게 하소서

선한 것을 지향하는 마음의 소리를
잘 듣기 위해
침묵과 고독 속에
자신을 조용히 숨길 줄도 알게 하소서

저는 두 귀를 가졌지만
형편없는 귀머거리임을 몰랐습니다
사람과 사물을 제대로 듣지도 않고
말만 많이 했음을 용서하소서

들으려는 노력도 아니하면서
당신과 이웃과 세상에 대해
멋대로 의심하고 불평했음을
지금은 뉘우칩니다

매일매일의 제 작은 여정에서
제 생애의 큰 여정에서
잘 듣고 잘 말하는 이가 되도록

밝고 큰 귀와 입을 갖고 싶습니다

말소리만 커지는 현대의 소음과
언어의 공해 속에서도
얼굴을 찡그리지 않고
겸손히 듣고 또 듣는
들어서 지혜를 깨치는
삶의 구도자 되게 하소서

듣기

들음의 길 위에서

어제보다는
좀 더 잘 들으라고
저희에게 또 한 번
새날의 창문을 열어 주시는 주님

자신의 안뜰을
고요히 들여다보기보다는
항상 바깥일에 바삐 쫓기며
많은 말을 하고 매일을 살아가는 모습
듣는 일에는 정성이 부족한 채
"대충" "건성" "빨리" 해치우려는
저희의 모습을 자주 보게 됩니다

가장 가까운 이들끼리
정을 나누는 자리에서도
상대방의 말을 주의 깊게 듣기보다는
각자의 생각에 빠져
자기 말만 되풀이하느라
참된 대화가 되지 못하고
독백으로 머무를 때도 많습니다

— 우린 참 들을 줄 몰라
— 왜 이리 참을성이 없지?
— 같은 말을 쓰면서도 통교가 안 되다니

잘 듣지 못함을 반성하고 나서도
돌아서면 이내 무디어지는
저희의 어리석음과 습관적인 잘못은
언제야 끝이 날까요

정확히 듣지 못해
약속이 어긋나고
감정과 편견에 치우쳐
오해가 깊어질 때마다
사람들은 저마다 쓸쓸함을 삼키는
외딴 섬으로 서게 됩니다

잘 들어야만 사랑이 이루어짐을
들음의 삶으로써 보여 주신 주님
오늘도 아침의 나팔꽃처럼
활짝 열린 가슴과 귀로
저희가 진정

주님의 말씀을 잘 듣게 하여 주소서
언어로 몸짓으로 마음으로
자신을 표현하는 이웃의 언어에
민감히 귀 기울일 줄 알게 하소서

말하기 전에
듣기를 먼저 배우는
겸손한 어린이의 모습으로
현재의 순간이 마지막인 듯이
성실을 다하는 수행자의 모습으로
들음의 여정을 다시 시작하는
들음의 사람이 되게 하소서

잘 들어서
지혜 더욱 밝아지고
잘 들어서
사랑 또한 깊어지는 복된 사람
평범하지만 들꽃 향기 풍기는
아름다운 들음의 사람이 되게 하소서

듣기

귀로 듣고
몸으로 듣고
마음으로 듣고
전인적인 들음만이
사랑입니다

모든 불행은
듣지 않음에서 시작됨을
모르지 않으면서
잘 듣지 않고
말만 많이 하는
비극의 주인공이
바로 나였네요

아침에 일어나면
나에게 외칩니다

들어라
들어라
들어라

하루의 문을 닫는 한밤중에
나에게 외칩니다

들었니?
들었니?
들었니?

보기

보게 하소서

길을 가던 당신에게 어느 소경이
"주님, 보게 하소서"라고 외치던
그 간절한 기도를 자주 기억합니다

주님, 하루의 일과를 끝내고 문 닫은 밤이 되면
"밤은 천 개의 눈을 가졌다"고 표현한
어느 시인의 말이 생각납니다

문득 커다란 눈이 되어
저를 살피러 오는 이 밤의 고요 속에
저는 눈을 뜨고자 합니다

당신은 제게 두 눈을 선물로 주셨지만
눈을 받은 고마움을 잊고 살았습니다
눈이 없는 사람처럼
답답하게 행동할 때가 많았습니다
먼지 낀 창문처럼 흐려진 눈빛으로
세상과 인간을 바로 보지 못했습니다

영적인 것들과는 거리가 먼
헛된 욕심에 혈안이 되어

눈이 아파 올 땐 어찌해야 합니까

보기 싫은 것들이 많아
눈을 감고 싶을 땐 어찌해야 합니까

웬만한 것쯤은 다 용서하고 다 받아들이는
사랑의 시력을 회복시켜 주소서
너무 가까이만 보고
멀리는 못 보는 근시안도 아닌
너무 멀리만 보고
가까이는 못 보는 원시안도 아닌
사물의 중심을 바로 못 보는
난시안도 아닌
밝고 맑은 시력을 주소서 주님

편견과 독선의 색안경을 끼기보다
기도의 투명한 안경을 끼고
살아가는 기쁨을 알게 하소서

남을 비난하고 불평하기 전에
저의 못남과 어리석음을

먼저 보게 하여 주소서

결점투성이의 저를 보고
절망하기 전에
다시 한 번
당신의 사랑을 바라보게 하소서
다시 한 번
당신께의 믿음으로 눈을 뜨게 하소서

필요한 때에 필요한 것을 볼 수 있는
지혜의 눈과 분별력을 주소서

살아서 눈을 뜨고 사는 고마움으로
언제나 당신 안에 보게 하소서

오늘도 샅샅이 저를 살피시는
눈이 크신 주님

보기
밤의 기도

내가 당신의 이름을 부르는
밤은 싱싱한 바다

별을 삼킨 인어 되어
깊은 어둠 속을 헤엄쳐 가면
뜨거운 불 향기의 당신이 오십니다

고단한 여정에
살갗마다 스며든 쓰라림을
향유로 씻어 내며 크게 하소서

안 보이는 밤에는
더욱 잘 보이는
당신의 얼굴

눈멀어야 가까이 볼 수 있다면
눈멀게 하소서
너무 많이 사랑함도 죄일 수 있다면
죄인이게 하소서

죽음과 이별하고

소리 없이 일어서는
밤은 눈이 큰 바다

순결한 나를 그 바다 위에
떠올리게 하소서
가느단 빛의 올을 꼬리에 하늘대며
수천의 새 아침을 쏟아 내게 하소서

언어

말의 빛

쓰면 쓸수록 정드는 오래된 말
닦을수록 빛을 내며 자라는
고운 우리 말

"사랑합니다"라는 말은
억지 부리지 않아도
하늘에 절로 피는 노을빛
나를 내어 주려고
내가 타오르는 빛

"고맙습니다"라는 말은
언제나 부담 없는
푸르른 소나무빛
나를 키우려고
내가 싱그러워지는 빛

"용서하세요"라는 말은
부끄러워 스러지는
겸허한 반딧불빛
나를 비우려고
내가 작아지는 빛

언어

말을 위한 기도

제가 이 세상에 태어나
수없이 뿌려 놓은 말의 씨들이
어디서 어떻게 열매를 맺었을까
조용히 헤아려 볼 때가 있습니다

무심코 뿌린 말의 씨라도
그 어디선가 뿌리를 내렸을지 모른다고 생각하면
왠지 두렵습니다
더러는 허공으로 사라지고
더러는 다른 이의 가슴속에서
좋은 열매를 또는 언짢은 열매를 맺기도 했을
제 언어의 나무

주님
제가 지닌 언어의 나무에도
멀고 가까운 이웃들이 주고 간
크고 작은 말의 열매들이
주렁주렁 달려 있습니다
둥근 것 모난 것
밝은 것 어두운 것
향기로운 것 반짝이는 것

그 주인의 얼굴은 잊었어도
말은 죽지 않고 살아서
저와 함께 머뭅니다

살아 있는 동안 제가 할 말은
참 많은 것도 같고 적은 것도 같고—
그러나 말이 없이는
단 하루도 살 수 없는 세상살이

매일매일 돌처럼 차고 단단한 결심을 해도
슬기로운 말의 주인 되기는
얼마나 어려운지

날마다 제가 말을 하고 살도록
허락하신 주님
하나의 말을 잘 탄생시키기 위하여
먼저 잘 침묵하는 지혜를 깨치게 하소서

헤프지 않으면서 풍부하고
경박하지 않으면서 유쾌하고

과장하지 않으면서 품위 있는
한 마디의 말을 위해
때로는 진통 겪는 어둠의 순간을
이겨 내게 하소서

참으로 아름다운 언어의 집을 짓기 위해
언제나 기도하는 마음으로
도를 닦는 마음으로 말을 하게 하소서
언제나 진실하고
언제나 때에 맞고
언제나 책임 있는 말을
갈고닦게 하소서

제가 이웃에게 말을 할 때는
하찮은 농담이라도
함부로 내뱉지 않게 도와주시어
좀 더 겸허하고
좀 더 인내롭고
좀 더 분별 있는
사랑의 말을 하게 하소서

제가 어려서부터 말로 저지른 모든 잘못
특히 사랑을 거스른 비방과 오해의 말들을
경솔한 속단과 편견과
위선의 말들을 용서하소서 주님

나날이 새로운 마음, 깨어 있는 마음
그리고 감사한 마음으로
제 언어의 집을 짓게 하시어
해처럼 환히 빛나는 삶을
당신의 은총 속에 이어 가게 하소서

언어
어느 말 한 마디가

어느 날 내가 네게 주고 싶던
속 깊은 말 한 마디가
비로소 하나의 소리로 날아갔을 제
그 말은 불쌍하게도
부러진 날개를 달고 되돌아왔다

네 가슴속에 뿌리를 내려야 했을
나의 말 한 마디는
돌부리에 채이며 곤두박질치며
피 묻은 얼굴로 되돌아왔다

상처받은 그 말을 하얀 붕대로 싸매 주어도
이제는 미아처럼 갈 곳이 없구나
버림받은 고아처럼 보채는 그를
달랠 길이 없구나

쫓기는 시간에 취해 가려진 귀를
조금 더 열어 주었다면
네 얼어붙은 가슴을
조금 더 따뜻하게 열어 주었다면

이런 일이 있었겠니
말 한 마디에 이내 금이 가는 우정이란
얼마나 슬픈 것이겠니
지금은 너를 원망해도 시원찮은 마음으로
또 무슨 말을 하겠니

네게 실연당한 나의 말이
언젠가 다시 부활하여 너를 찾을 때까지
나는 당분간 입을 다물어야겠구나
네가 나를 받아들일 그날을 기다려야겠구나

언어
고운 말

구슬이 서 말이라도 꿰어야 보배라지요
언어가 그리 많아도
잘 골라 써야만 보석이 됩니다

우리 오늘도 고운 말로
새롭게 하루를 시작해요
녹차가 우려 내는 은은한 향기로
다른 이를 감싸고
따뜻하게 배려하는 말

하나의 노래 같고
웃음같이 밝은 말
서로 먼저 찾아서 건네 보아요
잔디밭에서 찾은 네 잎 클로버 한 장 건네주듯이

'마음은 그게 아닌데 말이 그만…'
하는 변명을 자주 하지 않도록
조금만 더 깨어 있으면 됩니다
조금만 더 노력하면
고운 말 하는 지혜가 따라옵니다

삶에 지친 시간들
상처받은 마음들
고운 말로 치유하는 우리가 되면
세상 또한 조금씩 고운 빛으로 물들겠지요
고운 말은 세상에서
가장 좋은 선물이지요

언어

나를 키우는 말

행복하다고 말하는 동안은
나도 정말 행복해서
마음에 맑은 샘이 흐르고

고맙다고 말하는 동안은
고마운 마음 새로이 솟아올라
내 마음도 더욱 순해지고

아름답다고 말하는 동안은
나도 잠시 아름다운 사람이 되어
마음 한 자락이 환해지고

좋은 말이 나를 키우는 걸
나는 말하면서
다시 알지

감사
어떤 기도

적어도 하루에
여섯 번은 감사하자고
예쁜 공책에 적었다

하늘을 보는 것
바다를 보는 것
숲을 보는 것만으로도
고마운 기쁨이라고
그래서 새롭게
노래하자고 …

먼 길을 함께 갈 벗이 있음은
얼마나 고마운 일인가
기쁜 일이 있으면
기뻐서 감사하고
슬픈 일이 있으면
슬픔 중에도 감사하자고
그러면 다시 새 힘이 생긴다고
내 마음의 공책에
오늘도 다시 쓴다

감사

감사하는 마음은

감사하는 마음은 깨끗한 마음입니다.
투명한 유리창처럼 마음을 갈고닦는 선함과 순수함으로
자신의 내면을 깊이 들여다보는 습관을
충실히 하는 것입니다.
그리하다 보면 매일매일 감사할 일들이
마르지 않는 샘물처럼 솟아올라
맑은 물 한 동이씩 이웃에게 나누어 주는
사람이 될 것입니다.

감사하는 마음은 따뜻한 마음입니다.
퉁명스럽지 않은 다정함으로 남을 배려하며
그 누구도 모질게 내치지 않는 마음,
자신의 몫을 언제라도 이웃과 나눌 수 있는 마음,
아주 사소한 것까지도 소중히 여기는 마음을 지니다 보면
늘 감사에 가득 찬 어질고 부드러운 눈길을
지니게 될 것입니다.

감사하는 마음은 겸손한 마음입니다.
이기적인 자기도취, 독선적인 오만함에 빠지지 않는
겸허함과 온유함입니다.
남을 섣불리 비난하기 전에 그의 좋은 점부터 찾아서

칭찬하고 격려하는 연습을 하다 보면,
어느새 감사의 인사가
즐겨 부르는 노래의 후렴처럼
자주 새어 나옴을 경험하게 될 것입니다.

감사하는 마음은 기뻐하는 마음입니다.
가끔은 슬프고 우울한 일이 생기더라도
그 안에 숨겨진 뜻을 긍정적으로 해석하려고
애쓰는 너그러움입니다.
남에게 우울을 전염시키지 않기 위해서라도
밝은 쪽으로 시선을 두는 지혜를 구하다 보면
생각보다 빨리 감사의 환한 미소를
띨 수 있게 될 것입니다.

감사하는 마음은 예민하게 깨어 있는 마음입니다.
게으르고 둔감한 마음의 하늘엔
감사의 별이 환히 떠오르지 않기 때문입니다.
주위의 사람들과 사물들에 대해
마음의 눈을 크게 뜨고 민감하게 깨어 있어야만
언제 어떻게 어떤 방법으로 감사를 표현해야 할지
잘 분별할 수 있을 것입니다.

감사하는 마음은 평화로운 마음입니다.
삶의 여정에서 사람들을 조건 없이
사랑하고 이해하며 용서하는 일이 가장 어렵다는 걸
하루에도 몇 번씩 체험하게 됩니다.
그러나 용서와 화해만이
생명으로 가는 길임을 알아듣고
먼저 용서 청하고 먼저 용서하는 그 마음엔
평화에 뿌리내린 감사가
늘 푸른 산처럼 버티고 있을 것입니다.

감사하는 마음은 기도하는 마음입니다.
자신의 한계를 인식하며
하느님과 이웃의 도움을 청하는 빈 마음,
호흡하듯 끊임없이 기도하는 마음 안에
열려진 넓이와 깊이로
감사는 마침내 큰 사랑으로 이어지고
오늘에서 영원으로 이어지는 삶의 축제가 될 것입니다.

감사

감사 예찬

감사만이
꽃길입니다

누구도 다치지 않고
걸어가는
향기 나는 길입니다

감사만이
보석입니다

슬프고 힘들 때도
감사할 수 있으면
삶은 어느 순간
보석으로 빛납니다

감사만이
기도입니다

기도 한 줄 외우지 못해도
그저
고맙다 고맙다

되풀이하다 보면

어느 날
삶 자체가
기도의 강으로 흘러
가만히 눈물 흘리는 자신을
보며 감동하게 됩니다

감사

감사의 기쁨

감사라는 말만 들어도
마음엔 해가 뜨고
얼굴엔 웃음꽃이 피어납니다
하루 내내 한 달 내내
그리고 일 년 내내
감사하며 살았지만
아직도 감사는 끝나지 않은
기도의 시작일 뿐입니다
받은 은혜 받은 사랑
잊지 않고 살도록 도와주십시오
베푼 관심 베푼 사랑도
돌아보면 이기심투성이라
부끄러울 때가 많습니다
다시 오는 새해에는
더 많이 감사해서 후회 없기를
간절히 기도합니다, 또한
감사의 기쁨을 감사드립니다

위로

나를 위로하는 날

가끔은 아주 가끔은
내가 나를 위로할 필요가 있네

큰일 아닌데도
세상이 끝난 것 같은
죽음을 맛볼 때

남에겐 채 드러나지 않은
나의 허물과 약점들이
나를 잠 못 들게 하고

누구에게도 얼굴을
보이고 싶지 않은 부끄러움에
문 닫고 숨고 싶을 때

괜찮아 괜찮아
힘을 내라구
이제부터 잘하면 되잖아

조금은 계면쩍지만
내가 나를 위로하며

조용히 거울 앞에 설 때가 있네

내가 나에게 조금 더
따듯하고 너그러워지는
동그란 마음
활짝 웃어 주는 마음

남에게 주기 전에
내가 나에게 먼저 주는
위로의 선물이라네

위로

슬픈 사람들에겐

슬픈 사람들에겐
너무 큰 소리로 말하지 말아요
마음의 말을 은은한 빛깔로 만들어
눈으로 전하고
가끔은 손잡아 주고
들키지 않게 꾸준히 기도해 주어요

슬픈 사람들은 슬픔의 집 속에만
숨어 있길 좋아해도
너무 나무라지 말아요
훈계하거나 가르치려 들지 말고
가만히 기다려 주는 것도 위로입니다
그가 잠시 웃으면 같이 웃어 주고
대책 없이 울면 같이 울어 주는 것도
위로입니다
위로에도 인내와 겸손이 필요하다는 걸
우리 함께 배워 가기로 해요

위로

위로의 방법

아픈 사람 앞에서
아픈 얘긴
너무 많이 하지 말아요

기도로 큰 소리 내지 말고
그냥 속으로만
해 주는 게 더 편할 적도 있답니다

좋은 약 좋은 음식
죽음 준비에 대한 말도
너무 많이는 말고
그냥 정도껏만 해 주셔요

환자들은 오히려
밝은 이야기가 듣고 싶답니다

문병 와서
정 할 말 없으면

약간 어색해도
미소 지으려 애쓰며

그냥 가만히 있는 것도
위로의 좋은 방법인 것 같답니다

위로

위로자의 기도

제가 아픈 것을 보고
누군가 작은 위로를 받는다면
그것도 좋아요
말로 하는 힘없는 위로보다
더 좋아요

저의 아픔에 대한 두려움을
아직은 극복을 못했지만
아픈 사람을 조금만 덜 아프게
슬픈 사람을 조금만 덜 슬프게
도와줄 수 있는
어떤 힘을 제게 주세요

큰 능력이 아니라도 좋으니
저만 아는 사랑의 비결로
진정한 위로를 줄 수 있고
순간 치유라도 할 수 있는
마법사가 꼭 되게 해 주세요, 하느님

위로

아픈 이들을 위하여

몸 마음이 아파서
외롭고 우울한 이들 위해
오늘은 무릎 꿇고 기도합니다
고통을 더는 일에
필요한 힘과 도움 되지 못하는
미안함, 부끄러움
면목 없음, 안타까움
그대로 안고 기도합니다
정작 위로가 필요할 땐 곁에 없고
문병을 가서는 헛말만 많이 해
서운할 적도 많았지요?
'자비를 베푸소서!' 외우는데
눈물이 앞을 가리네요
이 가난하지만 맑은 눈물
작은 위로의 기도로 받아 주시면
제게도 작은 위로가 되겠습니다

휴가

휴가 때의 기도

바다라는 말만 들어도
가슴이 탁 트이고
산이라는 말만 들어도
한 줄기의 푸른 바람이
이마의 땀을 식혀 주는 한여름
저희는 파도에 씻기는 섬이 되고
숲에서 쉬고 싶은 새들이 됩니다

바쁘고 숨차게 달려오기만 했던
일상의 삶터에서
잠시 일손을 멈추고
쉼의 시간을 그리워하는 저희를
따뜻한 눈길로 축복하시는 주님

가끔 한적한 곳으로 들어가
쉼의 시간을 가지셨던 주님처럼
저희의 휴가도 게으름의 쉼이 아닌
창조적인 쉼의 시간으로 의미 있는
하얀 소금빛 보석이 되게 해 주십시오

휴식의 공간이 어느 곳이든지

함께하는 이들이 누구든지
저희의 휴가길에는
쓸데없는 욕심을 버려서 환해진 미소와
서로 돕고 양보하는 마음에서 피어오른
잔잔한 평화가 가득하게 하십시오

피곤한 몸과 마음을 눕히는 긴 잠도
주님 안에 머물면
달콤한 기도의 휴식이리니
저희가 쉴 때에도 늘 함께하여 주심을 믿습니다

자연과의 만남을 통해
저희를 새로운 아름다움에
눈뜨게 하여 주시고
이웃과의 만남을 통해
삶의 다양성을 이해하게 해 주시며
주님과의 만남을 통해
우울하고 메마른 저희 마음의 사막에
기쁨의 샘물이 솟아오르게 해 주십시오

때로는 새소리, 바람소리에 흠뻑 취하는

자유의 시인이 되어 보고
별과 구름과 나무를 화폭에 담아 보는
화가의 마음을 닮아 봅니다
사람들의 마음에 숨겨진 보물을
새로이 발견하고 감탄하기도 합니다
오랫동안 잊고 살던 아름다움의 발견에
가슴이 벅차오르는 순간들도
문득 자신이 초라하게 느껴지는 순간들도
즐거이 봉헌할 수 있음을 감사드립니다

휴가의 순례길에서
저희가 다시 집으로 돌아가기 전에
좀 더 고요하고 슬기로운 사람으로
새로워질 수 있도록 도와주십시오

넓디넓은 바다에서는
끝없이 용서하는 기쁨을 배우고
깊고 그윽한 산에서는
한결같이 인내하는 겸손을 배우며
각자의 자리에서 성숙하게 하십시오
항상 곁에 있어 귀한 줄 몰랐던

가족, 친지, 이웃과의 담담한 인연을
더없이 고마워하며 사랑을 확인하는
은혜로운 휴가가 되게 해 주십시오

휴가
바다로 가는 길

우리 동네
바다약국을 지나
바다로 가는 길

나는
늘 푸른 바람이 되어
날아갑니다

우리 동네 사람들의
기쁘고 슬픈 이야기
그들이 내게 부탁하는
수많은 기도를
혼자서는 감당 못해
바다로 들고 가
수평선에게 전하려고

그냥 천천히
걸어갈 순 없어
날개도 아니 달고
바람 되어 날아갑니다

휴가
산 위에서

산에서
산이 되는 꿈을 꿉니다
없던 길 하나
내 마음에 새로 내며
걸음이 빨라집니다

세상에서
내가 다 못한 말은
산새가 대신 해 주고
내가 못다 부른 노래는
시냇물이 대신 해 줍니다

나무 사이로 보이는
하늘의 흰 구름이
내가 다 못한 기도를
대신 해 줍니다

사계절 내내
늘 같으면서도
늘 다르게 서 있는 산

새로운 이야기로
하느님으로

내가 미처 못 가면
나에게 뚜벅뚜벅
걸어오는 산

추석

달빛 기도

너도 나도
집을 향한 그리움으로
둥근 달이 되는 한가위

우리가 서로를 바라보는 눈길이
달빛처럼 순하고 부드럽기를
우리의 삶이
욕심의 어둠을 걷어 내
좀 더 환해지기를
모난 미움과 편견을 버리고
좀 더 둥글어지기를
두 손 모아 기도하려니

하늘보다 내 마음에
고운 달이 먼저 뜹니다
한가위 달을 마음에 걸어 두고
당신도 내내 행복하세요, 둥글게!

추석
한가위

사람들이 모두
가족이 되어
사랑의 인사를 나누는 추석날

이승과 저승의 가족들이
함께 그리운 날
감사와 용서를
새롭게 배우는 날

하늘과 땅
고향의 산과 강
꽃과 새가
웃으며 달려오네

힘든 중에도
함께 살아갈 힘을
달님에게 배우며
달빛에 마음을 적시는 우리

고향을 떠날 때쯤은
조금 더 착해진 마음으로

서로가 서로에게
둥근달이 되어 주는 추석날

추석
달빛 인사

달을 닮은 사람들이
달 속에서 웃고 있네요

티 없는 사랑으로
죄를 덮어 주는
어머니 같은 달빛

잊을 것은 잊고
순하게 살아가라
조용히 재촉하는
언니 같은 달빛

슬픈 이들에겐
눈물 어린 위로를 보내는
친구 같은 달빛

하늘도
땅도
오늘은 온통
둥근 기도로 출렁이네요

환한 보름달을
환한 마음으로 바라보면서
지금껏 내가 만난
모든 사람들에게
달빛 인사를 건네는
추석날 밤

그리움이 꽉 차서
자꾸 터질 것만 같네요
나도 달이 되네요

송년

저무는 이 한 해에도

노을빛으로 저물어 가는 이 한 해에도
제가 아직 살아서
보고, 듣고, 말하고, 생각할 수 있음을
사랑하고, 기도하고, 감사할 수 있음을
들녘의 볏단처럼 엎디어 감사드립니다

날마다 새로이 태양이 떠오르듯
오늘은 더욱 새로운 모습으로
제 마음의 하늘에 환히 떠오르시는 주님
12월만 남아 있는 한 장의 달력에서
나뭇잎처럼 우수수 떨어져 나가는
시간의 소리들은 쓸쓸하면서도
그립고 애틋한 여운을 남깁니다

아쉬움과 후회의 눈물 속에
초조하고 불안하게 서성이기보다는
소중한 옛 친구를 대하듯
담담하고 평화로운 미소로
떠나는 한 해와 악수하고 싶습니다
색동 설빔처럼 곱고 화려했던
새해 첫날의 다짐과 결심들이

많은 부분 퇴색해 버렸음을 인정하며
부끄러운 제 모습을 돌아봅니다

청정한 삶을 지향하는 구도자이면서도
제 마음을 갈고닦는 일에
최선을 다하지 못했습니다
허영과 교만과 욕심의 때가 낀
제 마음의 창문은 게을리 닦으면서
다른 이의 창문이 더럽다고 비난하며
가까이 가길 꺼려한 위선자였습니다
처음에 지녔던 진리에 대한 갈망과
사랑에 대한 열망은
기도의 밑거름이 부족해
타오르지 못한 적이 많았습니다

침묵의 어둠 속에서
빛의 언어를 끌어내시는 생명의 주님
지난 한 해 동안 당신이 선물로 주신
가족, 친지, 이웃들에게
밝고 부드러운 생명의 말보다는
칙칙하고 거친 죽음의 말을

더 많이 건네고도
제때에 용서를 청하기보다
변명하는 일에 더욱 바빴습니다

제가 말을 할 때마다, 주님
제 안에 고요히 머무시어
해야 할 말과 안 해야 할 말을
분별하는 지혜를 주시고
남에 관한 쓸데없는 말로
시간을 낭비하지 않게 하소서

참된 사랑만이
세상과 인간을 구원할 수 있음을
당신의 삶 자체로 보여 주신 주님
제 일상의 강 기슭에
눈만 뜨면 조약돌처럼 널려 있는
사랑과 봉사의 기회들을 지나쳐 간
저의 나태함과 무관심을 용서하십시오
절절한 눈물 한 방울 흘리지 않은 채
"암울한 시대" 탓을 남에게만 돌리고
자신은 의인인 양 착각한

저의 오만함을 용서하십시오

전적으로 투신하는 행동적인 사랑보다
앞뒤로 재어 보는 관념적인 사랑에 빠져
상처받는 모험을 두려워했습니다
사랑하는 방법도 극히 선택적이며
편협한 옹졸함을 버리지 못한 채로
보편적인 인류애를
잘도 부르짖었습니다

여기에 다 나열하지 못한
저의 숨은 죄와 잘못들은
또 얼마나 많습니까?
당신과 이웃으로부터 받은 은혜는
또 얼마나 많습니까?
제 작은 머리로는 다 헤아릴 수 없고
제 작은 그릇엔 다 담을 수 없는
무한대이며 무한량의 신이신 주님
한 해 동안 걸어온 순례의 길 위에서
동행자가 되어 준 제 이웃들을 기억하며
사람의 고마움과 삶의 아름다움을

처음인 듯 새롭히는
소나무빛 송년이 되게 하소서

저무는 이 한 해에도
솔잎처럼 푸르고 향기로운 희망 노래가
제 마음 깊은 곳에서 흘러나와
희망의 새해로 이어지게 하소서

송년

송년 엽서

하늘에서
별똥별 한 개 떨어지듯
나뭇잎에
바람 한 번 스쳐 가듯

빨리 왔던 시간들은
빨리도 떠나가지요?

나이 들수록
시간은 더 빨리 간다고
내게 말했던 벗이여

어서 잊을 것은 잊고
용서할 것은 용서하며
그리운 이들을 만나야겠어요

목숨까지 떨어지기 전
미루지 않고 사랑하는 일
그것만이 중요하다고
내게 말했던 벗이여

눈길은 고요하게
마음은 뜨겁게
아름다운 삶을

오늘이 마지막인 듯이
충실히 살다 보면

첫새벽의 기쁨이
새해에도 항상
우리 길을 밝혀 주겠지요?

송년

12월의 엽서

또 한 해가 가 버린다고
한탄하며 우울해하기보다는
아직 남아 있는 시간들을
고마워하는 마음을 지니게 해 주십시오

한 해 동안 받은
우정과 사랑의 선물들
저를 힘들게 했던 슬픔까지도
선한 마음으로 봉헌하며
솔방울 그려진 감사카드 한 장
사랑하는 이들에게 띄우고 싶은 12월

이제, 또 살아야지요
해야 할 일 곧잘 미루고
작은 약속을 소홀히 하며
남에게 마음 닫아걸었던
한 해의 잘못을 뉘우치며
겸손히 길을 가야 합니다

같은 잘못 되풀이하는 제가
올해도 밉지만

후회는 깊이 하지 않으렵니다
진정 오늘밖엔 없는 것처럼
시간을 아껴 쓰고
모든 이를 용서하면
그것 자체로 행복할 텐데…
이런 행복까지도 미루고 사는
저의 어리석음을 용서하십시오

보고 듣고 말할 것
너무 많아 멀미 나는 세상에서
항상 깨어 살기 쉽지 않지만
눈은 순결하게
마음은 맑게 지니도록
고독해도 빛나는 노력을
계속하게 해 주십시오

12월엔 묵은 달력 떼어 내고
새 달력을 준비하며
조용히 말하렵니다

"가라, 옛날이여

오라, 새날이여
나를 키우는 데
모두가 필요한
고마운 시간들이여"

송년

한 해를 돌아보는 길 위에서

우리가 가장 믿어야 할 이들의
무책임과 불성실과 끝없는 욕심으로
집이 무너지고 마음마저 무너져 슬펐던 한 해
희망을 키우지 못해
더욱 괴로웠던 한 해였습니다

마지막 잎새 한 장 달려 있는
창밖의 겨울나무를 바라보듯
한 해의 마지막 달인
12월의 달력을 바라보는 제 마음엔
초조하고 불안한 그림자가 덮쳐 옵니다
— 연초에 세웠던 계획은 실천했나요?
— 사랑과 기도의 삶은 뿌리를 내렸나요?
— 감사를 잊고 살진 않았나요?

달력 위의 숫자들이 눈을 크게 뜨고
담담히 던져 오는 물음에
선뜻 대답을 못해 망설이는 저를
누구보다 잘 알고 계시는 주님
하루의 끝과 한 해의 끝이 되면
더욱 크게 드러나는

저의 허물과 약점을 받아들이고
반복되는 실수를 후회하는 일도
이젠 부끄럽다 못해 슬퍼만지는
저의 마음도 헤아려 주십니까

정성과 사랑을 다해
제가 돌보아야 할 가족, 친지, 이웃을
저의 무관심으로 밀어낸 적이 많았습니다
다른 이를 이해하고 참아 주며
마음을 넓혀 가려는 노력조차
너무 추상적이고 미지근할 때가 많았습니다

이웃과의 잘못된 관계를
개선하기 위한 도전과 아픔이 두려워
바쁜 일이나 거짓된 평화 속으로
자주 숨어 버린 겁쟁이였음을 용서하십시오

남에겐 좋은 말도 많이 하고
더러는 좋은 일도 했지만
좀 더 깊고 맑게
자신을 갈고닦으려는 노력을

게을리한 위선자였음을 용서하십시오

"구슬이 서 말이라도 꿰어야 보배"라고
늘상 되뇌면서도
새롭게 주어지는 시간의 구슬들을
제대로 꿰지 못해 녹슬게 했습니다
바쁜 것을 핑계로
일상의 기쁨들을 놓치고 살며
우울한 늪으로 빠져들어
주위의 사람들까지 우울하게 했습니다

아직 비워 내지 못한 마음과
낮아지지 못한 마음으로
혼자서도 얼굴을 붉히는 제게
조금만 더 용기를 주십시오
다시 시작할 지혜를 주십시오

한 해를 돌아보는 길 위에서
저녁놀을 바라보는 겸허함으로
오늘은 더 깊이 눈 감게 해 주십시오
더 밝게 눈 뜨기 위해 …

송년

십이월의 촛불 기도

향기 나는 소나무 엮어
둥근 관을 만들고
네 개의 초를 준비하는 십이월
사랑으로 오시는 예수님을 기다리며
우리 함께 촛불을 밝혀야지요?

그리운 벗님
해마다 십이월 한 달은 사 주 동안
네 개의 촛불을 차례로 켜고
날마다 새롭게 기다림을 배우는
한 자루의 촛불이 되어 기도합니다

첫 번째는 감사의 촛불을 켭니다
올 한 해 동안 받은 모든 은혜에 대해서
아직 이렇게 살아 있음에 대해서 감사를 드립니다
기뻤던 일, 슬펐던 일, 억울했던 일, 노여웠던 일들을
힘들었지만 모두 받아들이고 모두 견뎌 왔음을
그리고 이젠 모든 것을 오히려 '유익한 체험'으로
다시 알아듣게 됨을 감사드리면서
촛불 속에 환히 웃는 저를 봅니다
비행기 테러로 폭파된 한 건물에서

먼지를 뒤집어쓴 채 뛰어나오며
행인들에게 소리치던 어느 생존자의 간절한 외침
"여러분 이렇게 살아 있음을 감사하세요!" 하는
그 젖은 목소리도 들려옵니다

두 번째는 참회의 촛불을 켭니다
말로만 용서하고 마음으로 용서 못한 적이 많은
저의 옹졸함을 부끄러워합니다
말로만 기도하고 마음은 다른 곳을 헤매거나
일상의 삶 자체를 기도로 승화시키지 못한
저의 게으름과 불충실을 부끄러워합니다
늘상 섬김과 나눔의 삶을 부르짖으면서도
하찮은 일에서조차 고집을 꺾지 않으며
교만하고 이기적으로 행동했던 날들을
뉘우치고 뉘우치면서
촛불 속에 녹아 흐르는
저의 눈물을 봅니다

세 번째는 평화의 촛불을 켭니다
세계의 평화
나라의 평화

가정의 평화를 기원하면서 촛불을 켜면
이 세상 사람들이 가까운 촛불로 펄럭입니다
사소한 일에서도 양보하는 법을 배우고
선과 온유함으로 사람을 대하는
평화의 길이 되겠다고 다짐하면서
촛불 속에 빛을 내는
저의 단단한 꿈을 봅니다

네 번째는 희망의 촛불을 켭니다
한 해가 왜 이리 빠를까?
한숨을 쉬다가
또 새로운 한 해가 오네
반가워하면서
다시 시작하는 설렘으로 희망의 노래를
힘찬 목소리로 부르렵니다

겸손히 불러야만 오는 희망
꾸준히 갈고닦아야만 선물이 되는 희망을
더 깊이 끌어안으며
촛불 속에 춤추는 저를 봅니다

사랑하는 벗님
성서를 읽으며 기도하고 싶을 때
좋은 책을 읽거나 글을 쓸 때
마음을 가다듬고 촛불을 켜세요
하느님과 이웃에게 깊이 감사하고 싶은데
적당한 말이 떠오르지 않을 때
촛불을 켜고 기도하세요
마음이 불안하고 답답하고 힘들 때
촛불을 켜고 기도하세요

촛불 속으로 열리는 빛을 따라
변함없이 따스한 우정을 나누며
또 한 해를 보낸 길에서
또 한 해의 길을 달려갈 준비를
우리 함께 해야겠지요?

PART 2 묵상의 기도

마음 깊은 곳에 치는
기도의 그물

성서와 함께

성서와 함께
기도하는 마음으로
하루의 문을 엽니다

내가 하고 싶은 모든 말이
갈피마다 살아 있고
내가 듣고 싶은 주님의 음성이
가장 가까이 들려오는
생명의 책에서
살아갈 힘을 얻습니다

읽으면 읽을수록
메마른 내 가슴에
맑은 물이 고여 오는
성서와 함께
기뻐하는 마음으로
매일을 사노라면
기쁨은 또 기쁨을 낳아
나의 삶을 축제이게 합니다

성서 안에 살아 있는

많은 사람들을 만나
이야기를 나누다가
나는 문득 삶의 지혜를 깨우치게 되고
넓은 세상을 바로 보게 됩니다

읽으면 읽을수록
차가운 내 마음에
따스한 물이 고여 오는
성서와 함께
사랑하는 마음으로
이웃을 대하노라면
사랑은 또 사랑을 낳아
나의 삶을 사랑이게 합니다

하느님과 이웃과
나를 깊이 들여다보는 은총의 거울
성서와 함께
언제나 감사하는 마음으로
하루의 문을 닫습니다

성서

성서 예찬

아직 들어가지 않고
잠시 바라보기만 하는데도
황홀한 빛을 뿜어내는
단 하나의 보물섬
아무도 여기서는
굶주리지 않습니다
목마르지 않습니다
누구도 여기서는
길을 잃지 않습니다
외롭지도 않습니다
한 번 들어가면
나오고 싶지 않은 평생의 집
꿈을 퍼 가도 꿈이 남아 있는 그리움의 바다
세상에서 가장 아름다운 섬인 성서 안에서
우리는 다시 사랑을 시작합니다
감사의 보물을 캐고 또 캐는
참행복을 맛봅니다
우리의 구원인 성서
영원한 기쁨인 성서

성서가 있기에

오늘도 숨을 쉬며 살아갑니다
살아서 우리 또한
서로가 서로를 빛내 주는
보물이 됩니다

성서

내 일생을 바쳐
생명의 책인
성서를 읽습니다

말씀의 물로
세례 받아
내 마음을 씻고

말씀의 불로
통회하며
내 죄를 태우고

말씀의 길 속에
삶의 방향을 맡기니
나도 어느새
길이 되는 꿈을 꿉니다

읽으면 읽을수록
깊은 맛이 들어
할 말을 잃게 되는

성서의 만찬이여
소금 같은 행복이여

복음

깊은 데로 가서 그물을 (루카 5,1-11)

주님
겐네사렛 호수에서
당신의 제자들이
많은 물고기를 잡은 것처럼
저는 날마다
마음의 호수에서
많은 물고기를 낚아 올립니다

지느러미 하늘대며 펄펄 살아 뛰는
그 싱싱한 물고기들의 이름은
희망, 기쁨, 겸손, 인내 —
모두가 아름다운
당신의 선물입니다

당신 말씀대로 호수 깊은 곳에 그물을 쳐
그물이 찢어질 만큼 많이 잡힌 물고기에
제자들이 놀란 것처럼
저도 당신의 크신 사랑과 능력에
할 말을 잃어버린 작은 어부입니다

주님

때로는 어찌할 바를 모르고
제가 절망의 한가운데서
빈 그물을 씻을 때마다
당신은 조용히 말씀하셨습니다
"깊은 데로 가서 그물을 쳐라"

그리고 당신 말씀대로
마음 깊은 곳에 기도의 그물을 치면
비늘이 찬란한
희망과 기쁨의 고기가 잡혔습니다
삶에 필요한
겸손과 인내도 많이 얻었습니다

이제는 더 이상
저의 뜻을 따라 살지 않고
멀리 떠날 준비를 하게 하소서
배와 그물조차 버리고
당신을 따라나선 제자들처럼
모든 정든 것을 버리고도 기쁠 수 있는
사랑의 순명만이 승리할 수 있도록

복음

우물가의 사마리아 여인처럼 (요한 4,1-42)

"야곱의 우물"에서 물을 긷던
사마리아 여인에게 당신이 하신 것처럼
주님 제게도 당신이 먼저
한잔의 물을 청하시듯
조용히 말을 건네 오시렵니까
저는 죄인이기에
용기가 부족함을 당신은 아시오니 —

제가 누구인지
당신이 누구신지
우리의 만남이 무엇을 의미하는 것인지
오늘도 직접 당신께 듣고 싶사오니
어서 말씀하여 주소서

언제나 일상의 우물가에서
작고 초라한 두레박으로
당신께 물을 길어 드린 저에게
이제는 두레박 없이도 물 긷는 법을
거듭 깨우쳐 주시렵니까

당신이 깊고 맑은 우물 자체로

제 곁에 서신 순간부터
저의 매일은 새로운 축제입니다
긴 세월 고여 왔던 슬픔과 목마름도
제 항아리 속의 물방울처럼
일제히 웃음으로 춤추며 일어섭니다

당신을 만난 기쁨이 하도 커서
제가 죄인임을 잠시 잊더라도
용서해 주시겠지요?
주님 당신을 사랑하는 기쁨은
참으로 감출 수가 없습니다

물동이를 버려두고 동네로 뛰어간
우물가의 그 사마리아 여인처럼
저도 이제는 더 멀리 뛰어가게 하소서
더 많은 이들을 당신께 데려오기 위하여
그리고
생명의 물 이야기를 하기 위하여 —

예수

문이신 예수님께

망설임 없는 사랑으로
어서 들어오라
우리를 부르시고
기다리시는 예수님

사랑으로 두드리면
사랑으로 열리는 문

들어가지 않고는
배길 수가 없습니다

사랑은 항상
두려움을 몰아내고
누군가의 문으로
열린다는 것을

오늘도 새롭게
당신께 배웁니다

문이신 예수님

어서
문을 열어 주십시오

예수

샘이신 예수님께

왜 이리 목마를까요
왜 이리 그리울까요

마르지 않는 샘을
바로 곁에 두고도
채워지지 않는 갈증
어찌해야 할까요

구원의 샘이신 예수님
생명의 물이신 예수님

사람들 사이엔
언제나
사막이 있습니다
당신이 아니 계시면
물길이 트이지 않아
깊고 맑은 사랑을
할 수가 없습니다

우리 마음을
이 세상을

조용하지만 큰 힘으로
적셔 주십시오

적셔진 우리 모두
열심히 흘러가는
한 방울의 기도로
깨어 있게 하십시오

예수

빛이신 예수님께

어둠 속에서
촛불을 켜며
잠시 지나가는
저의 일생을
보았습니다

빛이신 예수님
당신의 이름을
부르는 것만으로도
이렇게 환해질 수 있다니

금세 눈이 밝아지고
마음이 밝아지는
놀라움이여

함께 있어 익숙해진
이기심의 어둠
욕심의 어둠
사랑에 등을 돌린
죄의 어둠

단호히 뿌리치지 못하는 저를
가엾이 여기시고
어서 빛으로 오시어
제 이름을 불러 주십시오

사랑은 어둠 속에도
환해지는 빛이라고
더욱 큰 소리로
고백할 수 있도록

예수

길이신 예수님께

길이신 예수님
또 한 해의 길을
길이신 당신과 함께
걸어가게 하소서

당신이 계시기에
어두워도
방향을 잃지 않고
유혹이 심해도
두렵지 않습니다

오직 당신만을
사랑으로 선택했기에
사랑으로 열린 길
이 길을 따라
오늘도
노래하며 걸어가게 하소서

길을 가는 우리 모두
서로가 서로에게
사랑으로 이어 주는 길이 되어서

마침내는 아름다운 집으로
함께 이르게 하소서

예수

나무이신 예수님께

나무이신 예수님
당신을 닮기 위해
당신 곁에 섰습니다

사계절 내내 함께한 그 세월을
아직은 기쁨만으로 소리쳐
노래할 수 없기에
변함없는 하늘빛 고요를
제 마음에 담습니다

가장 사랑하는 이들로부터
배반당하는 슬픔
피 흘리는 고통이 두려운 저는
당신 앞에 늘 송구할 뿐입니다

십자가의 침묵을
알아듣게 해 주십시오
사무치는 그리움으로
날마다 새롭게
부활의 새벽을 맞게 해 주십시오

당신처럼 사랑이 깊지 못해
죽을 준비가 덜 된 저는
아직도 환히 웃을 수가 없지만

그래도 분명한 것은
제가 오직 당신을 닮으려고
잠들지 못하는 나무로
오래오래 서 있다는 것입니다

예수

바위이신 예수님께

바위이신 예수님
사랑으로 머무는 법을
가르쳐 주십시오

사랑은
상처받고도
깨어지지 않는 돌임을
죽음보다 강한 힘으로
증거하신 예수님

오늘도 저는
그 사랑 위에
집을 짓겠습니다

흔들림 없는
한결같음으로
오래 머물러야
승리하는 사랑을
당신께 배우겠습니다

사랑하는 이의 변절도

말없이 받아들이고
억울한 일에도 변명을 않는
당신의 그 깊디깊은 침묵을
이해하는 순간부터

저도
작지만 당신을 닮은
사랑의 바위가
진정 될 수 있을 테지요?

예수

지혜이신 예수님께

지혜이신 예수님
매 순간 저에겐
지혜의 선물이
필요합니다

보고 듣고 말하고
행동하는 모든 것이
지혜로 빛을 받아야만
아름답고 튼튼합니다

세상의 지혜가 아닌
당신의 지혜를 구하면서도
그 길에서 멀리 있어
목마를 적이 많았습니다

당신처럼 아낌없이
사랑하고 사랑하면
지혜로워질까요?

어서 오시어
어리석은 저를

지혜의 물로
세례받게 해 주십시오

그리하여
볼 것만 보고
들을 것만 듣고
말할 것만 말하고
행할 것만 행하여
떳떳하게 맑아진 기쁨을
노래할 수 있도록 …

예수

태양이신 예수님께

제 안에서 오늘도
새롭게 떠오르는
태양이신 예수님

당신을 향한 그리움이
오랜 세월 익고 익어
어느 날 감당할 길 없는
뜨거운 불이 되어서야
당신의 모습이
제대로 보였습니다

사람들이 만들어 준
고통의 불길을 지나서야
제 마음은 순해지고
누구도 내치지 않는
둥근 자유를 누렸습니다

뜨겁지 않은 것은
사랑일 수 없음이니
오늘도 제 안에서
활활 타오르십시오

죄의 어둠조차
사랑으로 태워서
더욱 빛나게 하시는
태양이신 예수님

예수

기쁨이신 예수님께

기쁨이신 예수님
당신이 기쁨이어서
이제는 제 이름 또한 기쁨입니다
눈물 없는 환한 웃음만이
기쁨의 표현은 아닐 테지요?
아픔과 상처 또한
당신 안에서
기쁨으로 변화되는 기적을
말로는 표현하기 어렵습니다
살아 있는 나날
당신과 함께
기쁨으로 집을 짓게 하소서
당신이 사랑하는 많은 사람들을
이 집에 데려오는 기쁨으로
행복하게 하소서

예수
평화이신 예수님께

진정
평화는 어디에 숨은 걸까요?
시대는 불안하고
삶은 공허하고
사람들은 초조합니다
평화이신 예수님
고통 중에도
잠들지 않고 깨어 있는 평화
죽음을 넘어서는 생명의 평화
움직이는 평화를 그리워합니다
우리 모두 평화를 위해
일하는 사람들이
되게 해 주십시오
가는 곳마다에서
입으로 평화를 외치기보다
존재 자체로 평화가 될 수 있는
눈물의 기도와 인내
행동할 수 있는 용기를 주십시오

예수

침묵이신 예수님께

침묵을 그리워하면서도
침묵하지 못하는 저를 봅니다
화가 나서 문을 닫는
폐쇄적인 침묵이 아니라
선과 사랑의 침묵으로
승리하신 예수님
이토록 산만하고
소란하기 그지없는 세상에서
말 많은 제 입을 고요하게
볼 것이 많은 두 눈을 고요하게
들을 것이 많은 두 귀를 고요하게
그리고
마음을 고요하게
행동을 고요하게 지켜 주십시오
어느 날 침묵이 사랑으로 열리어
더 깊고 맑은 말을
할 수 있는 시간까지 …

예수
구세주이신 예수님께

어서 오십시오 예수님
오늘도 애타게
당신을 기다립니다

인류의 기다림이고
세상의 그리움이신 예수님
우리의 구세주이신 예수님
어서 오십시오

임마누엘이신 예수님
어느새 함께 사는 법을
잊어버린 우리에게
함께 사는 법을 가르쳐 주십시오
말씀이신 예수님
늘 할 말이 많으면서도
무슨 말을 해야 할지 모르고
방황하는 우리에게
참된 말씀이 되어 주십시오

당신과 함께라면
사랑할 준비가 되어 있는

이 세상의 모든 이들을
사랑으로 축복하소서
별이 되어 오소서

성소

부르심 1

나는
한 번도
숨을 수 없었습니다

어느 날
내가 흰 깃을 치며
무인도로 날아 버린
시인 같은 물새였을 때

뽕잎을 갉아먹고
긴 잠에 취해 버린
꿈꾸는 누에였을 때

해초 내음 즐기며
모래 속에 웅크린
바다빛 껍질의 조개였을 때

깊은 가슴속으로
향을 피우던
수백만 개의 햇살

찬란한 당신 앞엔
눈 못 뜨는 나
부르시는 그 사랑을
듣게 하소서

무량의 바다 위에
두 팔을 벌리고
소리치는 태양이여

당신에겐
순명하여
피리 부는 바람

춤추는 파도로
뛰어가게 하소서

성소

부르심 2

나의 님은 잠잠하다
바람 속에만 말씀하신다

귀 막아도 들리는
가슴속 파도 소리

목마르다
목마르다

바람 불면
바람 속에 나는
혼자일 수 없다

해질녘 바다에서
내가 만난 영혼들이
손을 내밀고

끝없이 보채는
당신의 기침 소리

그 소리 비켜

이제는 어디로도
떠날 수 없다

성소

당신을 따른다는 것은

내가 당신을 따른다는 것은 나와 정든 것과의 아낌없는 결별이며 당신과의 새로운 해후입니다. 유예 없는 결단이며 지체 없는 출발입니다. 또한 낯선 것과의 만남이기도 합니다. 그물과 배를 버리고 당신을 따라나선 제자들처럼 모험을 받아들이는 용기 있는 행위. 당신을 따른다는 것은 그러므로 사랑하는 일입니다. 사랑의 고백을 세 번 거듭한 시몬 베드로처럼 당신께 대한 사랑을 매사에서 확인하는 기쁨의 응답입니다.

"사랑은 나의 인력引力, 당겨지는 대로 그리로 나는 쏠린다"고 원성 아우구스띠노의 말씀과도 같이 당신 아닌 그 아무것도 나의 배고픔을 채워 줄 순 없습니다. 당신의 좁은 길을 넓은 마음으로 다시 시작하려 하오니 지금껏 나를 이끄시고 보살피신 그 크신 사랑으로 나를 새롭게 하여 주소서. 내가 당신을 잘 듣지 못하고 알아듣지 못한 건 나 자신이 변화되지 않았기 때문이었습니다. 주님, 당신 은총으로 나를 새롭히소서.

성소

수녀 1

누구의 아내도 아니면서
누구의 엄마도 아니면서
사랑하는 일에
목숨을 건 여인아
그 일이 뜻대로 되지 않아
부끄러운 조바심을
평생의 혹처럼 안고 사는 여인아

표백된 빨래를 널다
앞치마에 가득 하늘을 담아
혼자서 들꽃처럼 웃어 보는 여인아
때로는 고독의 소금 광주리
머리에 이고
맨발로 흰 모래밭을
뛰어가는 여인아

누가 뭐래도
그와 함께 살아감으로
온 세상이 너의 것임을 잊지 말아라
모든 이가 네 형제임을 잊지 말아라

성소
수녀 2

크고 작은 독 속에
남모르게 익어 가는
간장 된장 고추장

때가 될 때까진
갑갑해도
숨어 살 줄 알네

수녀원은
하나의 커다란 장독대

너도나도 조용히
독 속에 내뿜는
저마다의 냄새와 빛

더러는 탄식하며
더러는 노래하며

제맛을 낼 때까진
어둠 속에 익고 있네
즐겁게 기다리네

참회

고백성사

사랑하는 이에게
처음으로 용서를 청하듯
조금은 두렵고
떨리는 마음으로
오늘은 주님께
부끄러운 저의 죄를 고백하게 하십시오

기도와 사랑의 등불을
환히 밝히기 위한 기름을
제때에 마련 못해
번번이 빌려 쓰는
저의 어리석음을
꾸짖어 주십시오

교만과 허영의
가시나무가 자라고
무관심과 이기심의
잡초가 무성한
제 마음의 숲에
불을 놓아 주십시오

항상 용서하는 일에 더딘 저는
당신께 용서를 청할 염치도 없어
조용히 무릎 꿇고
눈물만 흘립니다

고마움과 뉘우침으로
강을 이루는 저의 눈물을
오늘 당신께 드리는
제 사랑의 고백으로
받아 주시길 청합니다

늘 먼저 사랑하시고
먼저 용서하시어
저를 당황하게 하시는 주님

큰 귀 열어 놓으시고
사계절 묵묵히
제 앞에
산으로 서 계신 주님

참회

고해성사

신부님
다시 용서하십시오

늘 겉도는 말로
죄 아닌 죄를 고백하는
저의 위선을
용서하십시오

그래도
저는 착하다고
깨끗하다고
믿어 왔지만

이 안에 들어오면
앞이 캄캄해집니다

이 순간이 마지막이라 여기고
잘못을 고백할 수 있는
용기를 구합니다
죄를 고백하는 부끄러움을
사랑할 수 있는 겸손을 구합니다

채 표현이 안 된
제 마음속 깊은 죄도
용서해 주십시오

오늘도 어둠 속에서
얼굴을 붉히는 제게
신부님
당신의 사죄경은
위로가 됩니다

같은 잘못
반복 안 하고 살도록
강복해 주십시오, 신부님

후회

내일은
나에게 없다고 생각하며
오늘이 마지막인 듯이
모든 것을 정리해야지

사람들에겐
해 지기 전에
한 톨 미움도
남겨 두지 말아야지

찾아오는 이들에겐
항상 처음인 듯
지극한 사랑으로 대해야지

잠은 줄이고
기도 시간을
늘려야지

늘 결심만 하다
끝나는 게
벌써 몇 년째인지

또
하루가 가고
한숨 쉬는 어리석음

후회하고도
거듭나지 못하는
나의 미련함이여

참회

부끄러운 고백

"이러면 안 되는데!"
늘 이렇게 말하다가
한 생애가 끝나는 것은 아닐까
그런 생각을 자주 해요
하느님과의 수직적인 관계
이웃과의 수평적인 관계
나 자신과의 곡선의 관계
시원하고 투명하길 바라지만
살아갈수록 메마르고 복잡하고
그래서 부끄러워요

좀 더 높이 비상할 순 없는지
좀 더 넓게 트일 수는 없는지
좀 더 밝게 웃을 수는 없는지
나는 스스로 답답하여
자주 한숨 쉬고
남몰래 운답니다

그러나 이 또한
기도의 일부로 받아들여 주신다면
부끄러운 중에도

조금은 위로가 될 것 같다고

'내 탓이오, 내 탓이오 …'
가슴을 치는 이 시간은
눈물 속에도 행복하다고
바람 속에 홀로 서서
하늘을 봅니다

참회

다시 드리는 기도

주님
지금껏 살아오면서
당신께는 무엇이든지 그저
달라고만 조르며 요구가 많았습니다
지키지도 못할 약속을
종종 즉흥적으로 해 놓고는
스스로 부담스러워한 적도
적지 않았습니다

아니 계시다고 외면해 버리기엔
너무도 가까운 곳에서
저를 부르시는 주님
아직도 기도를 모르는 채
기도하고 있는 저를 내치지 않고
기다려 주시는 주님
이제 많은 말은 접어 두고
오직 당신의 이름만을
끊임없이 부르렵니다
제가 좋아하는 노래의 후렴처럼
언제라도 쉽게 기억되는

당신의 그 이름이
저에겐 가장 단순하고 아름다운
기도의 말이 되게 하십시오

바쁜 일손을 멈추고
잠시 하늘의 빛을 끌어내려
감사하고 싶을 때
일상의 밭에 묻혀 있는
기쁨의 보석들을 캐어 내며
당신을 찬미하고 싶을 때
새로운 노래를 부르듯이
당신을 부르렵니다
사소한 일로 짜증을 내고 싶거나
남을 미워하는 마음이 싹틀 때
여럿이 모여 남을 험담하는 자리에서
선뜻 화제를 돌릴 용기가 부족할 때
나직이 당신의 이름을 부르며
마음을 깨끗이 하렵니다

제 삶의 자리에서 주님
누구도 대신 울어 줄 수 없는 슬픔과

혼자서만 감당해야 할 몫의 아픔들을
원망보다는 유순한 마음으로 받아들이며
더 깊이 고독할 줄 알게 해 주십시오
당신이 계시기에
고독 또한 저를 키우는 산이 됩니다

앞으로 살아갈 모든 날에도
끝없이 불러야 할 당신의 이름
그 이름을 부르며
깊디깊은 마음의 샘에서
줄기차게 길어 올리는 신뢰와 사랑이
당신께 드리는
제 기도의 시작이요 완성이오니
주님
이렇게 다시 드리는 저를
다시 받아 주십시오

참회

어떤 결심

마음이 많이 아플 때
꼭 하루씩만 살기로 했다
몸이 많이 아플 때
꼭 한순간씩만 살기로 했다
고마운 것만 기억하고
사랑한 일만 떠올리며
어떤 경우에도
남의 탓을 안 하기로 했다
고요히 나 자신만
들여다보기로 했다
내게 주어진 하루만이
전 생애라고 생각하니
저만치서 행복이
웃으며 걸어왔다

참회

후회뿐인 기도

어떤 분은
버리고 갈 것만 남아 홀가분하다고
큰 소리로 고백했는데
저는 두고 갈 것만 남아 부담스럽다고
고백해야 옳을 것 같습니다

잊혀지는 것은
두렵지 않다고
습관처럼 미리 말해 둔 것도
매우 부끄럽습니다

잘 알지도 못하면서
사랑에 대해
너무 많이 말한 것이 후회됩니다

기도를 제대로 못하면서
남에게 기도를 가르치려 한 것도 후회됩니다

진정 후회 없는 기도를 바치는 것이
세상에선 참 어려운 일이네요

오래고 오래된 사랑의 하느님
저의 게으른 푸념을
항상 내치지 않고
들어주셔서 감사합니다

참회

큰 죄

자기 잘못은
하나도 없고
하나부터 열까지
남의 탓만 하는 것

남의 마음
크게 상해 놓고
용서 청하기보다는
변명만 늘어놓는 것
자리에 없는 사람
이유 없이 험담하는 것
입만 열면
사랑을 설교하며
실제로는 사랑하지 않는 것
나쁜 말을 되풀이해
죄 없는 사람
죄 짓게 만드는 것

그리고 또 …
작은 일에 감사할 줄 모르고
아름다운 일에

조금도 감동할 줄 모르는 것

큰 죄를 모르고 사는 것이
사실은 큰 죄가 아닐는지

참회

종이에 손을 베고

눈부시게 아름다운
흰 종이에
손을 베었다

종이가 나의 손을
살짝 스쳐 간 것뿐인데도
피가 나다니
쓰라리다니

나는 이제
가벼운 종이도
조심조심
무겁게 다루어야지
다짐해 본다

세상에 그 무엇도
실상 가벼운 것은 없다고
생각하고 또 생각하면서 —

내가 생각 없이 내뱉은
가벼운 말들이

남을 피 흘리게 한 일은 없었는지
반성하고 또 반성하면서 —

고통

환자의 편지

아픈 것이
축복이라고
때가 되면
내가 직접 말할 테니
그대가 앞질러 미리미리
강조하진 마세요

아픈 것도
섭리로 알고
신앙 안에서
잘 참아야 한다는 말도
너무 많이 하진 마세요

내가 처음으로 아프면서
처음으로 새롭게 다가온
위로라는 말
용서라는 말
기도라는 말
참으로 의미 있어
그 뜻을 되새김하고 있지만

아프면 아플수록
가벼운 말보다는
침묵이 더 좋아져요
가만히
음악을 듣고 싶어요
좋은 방법이 아니라지만
그냥 혼자서
숨고 싶을 때가 많아요

몸이 아프면
마음도 생각도
같이 아파져서
남몰래 울거든요
잠이 오지 않아
괴롭거든요
남의 말을 모두 다
겸손하고 순하게
사랑으로 듣기 위해선
용기를 키우는 시간이 필요해요
마음을 넓히는 시간이 필요해요

그러니 건강한 당신
나를 염려해 주는 당신
지나친 사랑도
때론 약이 되질 못하니
아주 조금만 나를 내버려 두면 안 될까요?
오늘도 많이 감사합니다
사랑의 잔소리를 사랑으로 듣지 못한
나의 잘못을 용서하세요
각자의 마음 아름답게 정리하여
환히 웃는 얼굴로
다시 만납시다, 우리

고통

마지막 편지

하느님
오늘은 제가
아주 많이 아픕니다
그래서 아무 말도 못하고
저의 생각들도
왔다 갔다
꿈인지 생시인지
혼미합니다

이 세상에 사는 동안
참 많은 꿈을 꾸었습니다
결국은 제가 당신께로 가기 위한
연습이었지요

이제 곧
당신을 뵈올 생각에
행복합니다
내내 눈을 감고
저만의 마지막 고통을 봉헌합니다

당신이 저의 꿈이었듯이

저 또한 당신의 꿈이 되고
한 송이 꽃이 되어
그 나라에 도착하고 싶습니다

저를 받아 주시겠지요?

고통

아픈 날의 일기

내 몸속에 들어간
독한 약들이
길을 못 찾고 헤매는 동안
나는 아프고

내 혼 속에 들어간
이웃의 어떤 말들이
길을 못 찾고
헤매는 동안
나는 슬프고

아프다고 말해도
정성껏 듣지 않고
그저 건성으로
위로하는 이들 때문에
나는 한 번 더 아프고

아프면서 배우는 눈물의 시간들
그래서 인생은
고통의 학교라고 했나 보다

고통

몸이 하는 말

더 많이 아프기 전에, 주인님
나를 좀 더
따뜻하게 해 주세요

손발도 따뜻하게
가슴도 따뜻하게
머리도 따뜻하게 해 주세요

책상 앞에만 있지 말고
밖에 나가 산보도 하며
더 많이 움직여 주세요

갇혀 있는 나는
답답하답니다
이런저런 약들이
하도 많이 들어와
소화시킬 시간도 부족해요

제발 내 말을 허투루 듣지 말고
유념하여 주세요
잘 부탁해요, 주인님

고통
아픈 날의 편지

내가
살아서 몇 번이나 더
당신을 볼 수 있을지
뜨는 해 지는 해를
볼 수 있을지요
그리고
몇 편의 시를 더
쓸 수 있을지요
그런 생각을 하면
졸다가도
정신이 번쩍 들어요
언젠가 내가
세상을 떠나는 날
나는 당신을 위한
하얀 새가 되어
날아가고 싶어요
사랑의 시를 쓰는 바람으로
땅에 묻혀도 자유롭고 싶어요

고통
아픈 날의 기도

하느님
오늘은
제가 많이 아파서
기도를 못했습니다

좋은 생각도 못하고
내내 앓기만 했습니다
몸이 약해지면
믿음은 더 튼튼해질 법도 한데
아직은 그저
두려울 뿐입니다
사람들이 건네주는 위로의 말에
네 네
밝게 응답하고도
슬며시 슬픔 속으로 빠져듭니다
그래도 제가 부를
처음과 마지막의 그 이름은
오직 당신뿐임을
당신은 아시지요? 하느님

고통
통증 단상

두통 치통
복통 근육통

예고 없이 왔다가
예고 없이 가는
통증의 종류는 많기도 하네

누가 물어봐도
설명이 안 되는 아픔들을
누가 이승에서의 '연옥보속'이라고
말을 한 것일까
오죽하면
차라리 죽는 게 더 낫다고
말을 하는 것일까

오늘 느닷없이 찾아온
나의 통증은
암이 주는 고통
삶이 주는 아픔

살아서는 끝나지 않은

이미 많은 이가 경험했어도
나는 처음으로 경험하여
두렵고도 두려운
고통의 선물이네

고통

아픈 날의 고백

누워 있어도 불편하고
일어나도 불편하고
약을 먹어도 힘들고
안 먹어도 힘들고
안 아픈 데보다
아픈 데가 더 많아도
무어라고 딱히 표현할 순 없으니
딱한 생각이 들고
아무에게나 말을 할 수 없으니
또 한 번 안타깝고
나이 탓인가? 암세포 탓인가?
세상에 살아 있는 동안은
몸도 아프고 마음도 아프면서
하루하루를 견디는 것이겠지
세상은 눈물로 이어지는
하나의 강이 아닐까
기쁨 역시
눈물 속에 태어나는 선물인 거야
오늘은 내내 슬픈 생각만 하며
눈을 감았다 떴다 …
웃지도 못하고 하루가 가네

고통

암세포에 대한 푸념

약이 더 이상 말을 듣지 않았대요
글쎄 암세포가 정상 세포를 잡아먹는 바람에
이 친구는 견디다 못해서 죽은 거라구요

내 친구가 폐암으로 죽고 나서
사람들이 말했다

겉모양이 예쁜 암세포가
덜 예쁜 정상 세포더러
자꾸만 날 닮으라고
유혹한다잖아요
가짜가 진짜를 꼬시는 거지 뭐예요

재미있게 따라 웃다가
나는 슬며시
내 몸속의 세포들에게
손을 대고 말했다

얘들아
이왕이면
서로 사이좋게 지내라

알았지?
아님 나한테 혼날 줄 알아

노년

어느 노인의 고백

하루 종일
창밖을 내다보는 일이
나의 일과가 되었습니다

누가 오지 않아도
창이 있어 고맙고
하늘도 구름도
바람도 벗이 됩니다

내 지나온 날들을
빨래처럼 꼭 짜서
햇살에 널어 두고 봅니다
바람 속에 펄럭이는
희로애락이
어느새 노을빛으로
물들어 있네요

노년
어느 노인의 기도

주님, 오늘 하루도
제가 이렇게 살아서
당신께 기도할 수 있는 은총을
새롭게 감사드립니다
그러나 사실은
갈수록 눈도 침침해지고
기억도 흐려지고
시간 관념도 희박해지니
기도의 좋은 말이
잘 떠오르질 않아서
답답할 때가 많습니다

그저 하염없이
당신을 바라보는 저의 눈길과
당신을 향하는 저의 마음을
자비로이 굽어보소서
때로는 스스로를 바보처럼 여길 수밖에 없는
저의 어리석음을 가엾이 여기소서
오늘 하루의 길 위에서
저는 가난하고 단순한 신앙의 순례자이며
모든 이를 다 가족으로 여기며 기도하는

믿음의 순례자입니다

젊은 날엔 미처 깨닫지 못했던
삶의 신비를 묵상하고
인간에 대한 공부를
누가 시키지 않아도 저절로 하게 되는
저의 노을빛 노년을 축복하여 주소서
모든 일이 뜻대로 되지 않고
때로는 믿었던 이들의 섬김보다
오히려 멸시와 오해와 따돌림을 받아
외로움의 깊은 상처가
저를 병들게 하더라도
십자가 위의 주님을 기억하며
끝까지 더 겸손하고 더 인내롭게
견뎌 낼 수 있는 힘과 용기를
당신 친히 주시리라 믿습니다

주님, 세상에 살아 있는 동안은
언제 어디서나
당신 친히 저의 생각이 되어 주시고
저의 언어가 되어 주시며

저의 행동이 되어 주소서
늘 함께하시어 부족한 저를
평화의 길로 이끌어 주소서

날마다 새롭게 용서를 배우고
날마다 새롭게 사랑을 배우며
온유한 눈빛, 따뜻한 마음, 겸허한 웃음으로
힘없는 노년에도 마음만은 푸른 청춘으로
거듭나게 하여 주소서
남이 제게 해 주길 바라는 것을
제가 먼저 할 수 있는
굳센 의지와 사랑의 용기를 주소서

제가 마음 놓고 들어갈
처음의 집이며 마지막 집이신
사랑의 주님
가는 세월 오는 세월을
빠르다고 덧없다고 한탄만 하지 말고
감사와 설렘으로 받아안을 수 있는
명랑함과 너그러움의 덕을 지니게 하소서

사소한 일에서도 당신을 찬미하고
이웃을 배려하는 기쁨을 알게 하소서
그리하여 제가
이 세상 여정 마칠 때는
'나의 일생은 축복이었네
나의 일생은 오직 감사였네'라고
환히 웃으며 말할 수 있도록
도움의 은총 베풀어 주소서. 아멘.

노년
노년의 기도 일기

내 마음을
마음대로 다스릴 수 없을 때
너무 힘들어 하늘을 보았어요

내 몸을
자유롭게 움직일 수 없을때
너무 힘들어 하늘을 보았어요

누가 무어라고 하는 것도 아닌데
괜히 허무하고
괜히 서운하고
그래서
이유 없는 원망을 조금씩 키웠어요

일상의 길 위에서
사람보다는
꽃과 새와 나비와
더 친해졌지만
이제는
스스로를 외톨이로 만들지 말고
사람들과 더 친해져야지

먼저 사랑해서
오래 사랑받아야지
밝고 맑은 결심을 세우며
푸른 하늘 올려다보니
참으로 행복합니다. 새롭게!

PART 3 전례의 기도

당신과 함께 깨어날
한 점 눈부신 어둠

대림 1주

길이신 이여 오소서

주님 올해도 눈이 내렸습니다
모국의 산천에 쌓이는 수많은 눈송이도
때로는 근심의 설편雪片으로 보여지는 싸늘한 계절
매운 바람보다도 신문에 보도되는 인상印止의 바람에서
더 깊은 추위를 느끼는 겨울의 길목입니다

기름이 모자라고 쌀이 모자라고
모자라는 것투성이의
이 춥고 메마른 땅에서
사랑의 기름이 모자라고 신앙의 쌀이 모자라는
우리네 가슴의 들판도 비어 있습니다

이 거칠고 스산한 황야의 어둠을 밝히시러
길이신 이여 오소서
슬픔을 딛고 일어설 희망을 주기 위해 오소서
죽음을 딛고 일어설 생명을 주기 위해 오소서

당신은 오셔야 합니다
"지상은 만원이니 지하로 갈 수밖에 없다"며
위로 아래로 새 길을 만들어도
실은 무엇 하나 제대로 뚫리지 않는 듯한 이 땅에

당신은 길이 되어 오셔야 합니다

그러나 우리가 당신을 기다리기 전에
먼저
안으로 뿌리내린 미움과 원망과 불신의
어둠부터 몰아내게 하소서

당신의 뜻 대신 내 뜻으로 가득 찬
당신의 고통 대신 나의 안일함으로 가득 찬
당신의 겸손 대신 나의 교만으로 가득 찬
마음의 땅을 갈고닦게 하소서

당신이 오실 길을 예비키 위해
자신을 내어 던진 세례자 요한처럼
무엇보다 먼저 회심의 눈과 귀와 입을
열어 주소서

현대의 콘크리트 벽에 끼어 질식하는 나무들처럼
무디게 말라붙은 돌마음들을
예리한 기도의 칼로 깨뜨려 살마음 되게 하소서
그리하여 나와 당신 사이에

나와 이웃 사이에, 이웃과 이웃 사이에
새 하늘 새 땅이 열리는 은총을 허락하소서

좀 더 부지런하지 못해 쭉정이처럼 살아온 날들을
용서하시고
믿음이 깊지 못해 좋은 열매 맺지 못한 날들을
용서하소서

육신과 영혼의 곳간을 사랑의 알곡으로
채우실 분은 당신이오니
우리의 걸음이 흔들릴 때마다
우리가 더욱 당신을 바라보게 하소서
당신을 듣고 보고 갈망하게 하소서

고뇌의 잡풀 무성한 이 조그만 약속의 땅에
세례의 불을 놓으러 오소서

많이 참아서 많이 기뻐하고
오랜 투쟁 끝에 오랜 승리를 누리는
당신의 백성으로 다시 태어나게 하소서

오소서
오소서
길이신 이여 오소서

대림 1주

이제는 우리가 먼저

월동 준비와 더불어
싱싱한 배추포기 속에 살아오는
기다림의 계절에
우리를 흔들어 깨우는
주님의 목소리
"깨어 있어라"

1년 내내 먼지 낀
마음의 창을 닦으며
오늘도 주님 앞엔
몸 둘 바를 모르겠습니다

다른 이를 위한 사랑의 일엔
늘 졸기만 하고
자신을 위한 일에만
한껏 깨어 산 것 같은 죄책감을
떨쳐 버릴 수 없습니다

유익한 일보다
쓸데없는 일로
더 바쁘게 살아온 지난날들이

너무 크게 보임을
어찌해야 할까요

살아 있는 동안
우리가 늘 같은 잘못을
되풀이해도
다시 한 번
시작할 기회를 주시는
자비의 주님

이젠 우리가 먼저
당신을 사랑할 때입니다

눈물도 꽃으로 피워 내는
인내와 기다림의 시간을 지나
이젠 우리가
당신께 가야 할 때입니다

등불을 밝히는
가장 따스하고 부드러운
그 음성으로

다시 말씀해 주십시오
"늘 준비하고 있어라"

네, 이젠 우리가
기다리는 마음에

더욱 가벼워진 발걸음으로
주님의 산을 향해
오르게 하십시오
산에서 복음을 전하는
빛의 자녀이게 하십시오

대림 1주

다시 대림절에

때가 되면 어김없이 떠오르는
밝고 둥근 해님처럼
당신은 그렇게 오시렵니까
기다림밖에 가진 것이 없는
가난한 이들의 마음에
당신은 조용히
사랑의 태양으로 뜨시렵니까

기다릴 줄 몰라
기쁨을 잃어버렸던
우리의 어리석음을 뉘우치며
이제 우리는
기다림의 은혜를 새롭게 고마워합니다
기다림은 곧 기도의 시작임을 다시 배웁니다

마음이 답답한 이들에겐
문이 되어 주시고
목마른 이들에겐
구원의 샘이 되시는 주님

절망하는 이들에겐 희망으로

슬퍼하는 이들에겐 기쁨으로 오십시오
앓는 이들에겐 치유자로
갇힌 이들에겐 해방자로 오십시오

이제 우리의 기다림은
잘 익은 포도주의 향기를 내고
목관악기의 소리를 냅니다

어서 오십시오, 주님
우리는 아직 온전히 마음을 비우지는 못했으나
겸허한 갈망의 기다림 끝에
꼭 당신을 뵙게 해 주십시오

우리의 첫 기다림이며
마지막 기다림이신 주님
어서 오십시오
촛불을 켜는 설렘으로
당신을 부르는 우리 마음엔
당신을 사랑하는 데서 비롯된
환한 기쁨이 피어오릅니다

대림 2주

당신의 목소리를 들으며
— 세례자 요한께

진리와 정의
자유와 평화가 승리하지 못해
오늘도 많은 이들이 울고 있는
이 시대의 어둠이 깊어 갈수록
더 가까이 들려오는
세례자 요한의 목쉰 소리

"회개하라"
"주의 길을 닦으라"
거듭 외치는 그 목소리에
우리는 저마다 귀를 세우고
겨울바람이 신음하는
황량한 들판을 바라봅니다

온 세상을 길이신 예수로 가득 채우고자
길을 고르게 하라고 외치는
당신의 음성이 커지면 커질수록
두려움에 보채는 마음들을 보십시오
길을 닦고 고르지 못한 부끄러움에

자꾸만 움츠러드는 마음들을

희망으로 일으켜 세워 주십시오
시대의 어둠만 탓하고
자신의 어둠을 탓하지 않는 우리의 우매함을
깨닫게 하여 주십시오

믿고 회심하지 않으면
마음을 비우고 겸손하지 않으면
결코 구세주 예수를 만날 수 없음을
모든 이에게 깨우쳐 주시려고
광야의 목소리가 되신 요한이여
갈 길을 보여 주신 당신께 감사하며
우리를 깨워 흔드는 그 목소리를
항상 잊지 않고 살겠습니다

온 세상을 빛이신 예수로 가득 채우고자
죄의 어둠 몰아내라 외치며
당신은 "빛의 그림자"로
물러서길 원했던 세례자 요한이여

주님과 이웃을 높이며
자신을 낮추는 가운데

하늘나라를 향한 우리네 삶의 길도
더욱 고르어지게 하십시오

교만과 불신
이기심과 허영심의 언덕이
겸허한 사랑의 불길로
무너져 내리게 하십시오
그리하여 어느 날
우리도 당신처럼
주님 만난 기쁨을
온 세상에 선포하는
희망의 예언자이게 하십시오
이웃을 주님께 데려가는
사랑의 안내자이게 하십시오

대림 2주

성모님과 함께

자신을 위해서는
아무것도 남겨 두지 않았기에
"네"라고 응답할 수 있으셨던 성모 마리아
구세주의 어머니, 우리의 어머니
구원의 문을 연 당신의 겸덕을
새롭게 찬미하며 촛불 밝힌 저희에게
오늘도 조용히 가르쳐 주십시오
당신처럼 주님의 뜻을 제대로 알아듣는
깊고 높은 믿음의 사람으로
순명하는 법을 가르쳐 주십시오

"어떻게 그런 일이 있을 수 있겠습니까"
때로 존재의 뿌리를 흔드는
불신과 두려움의 늪에서 헤어나지 못하고
슬픔에 지쳐 울고 있을 때
꾸준히 올라야 할 삶의 층계를
희망으로 오르지 못하고
절망과 근심 속에 서성일 때
"하느님께는 무슨 일이든 불가능한 것이 없단다"

이르시며 가까이 다가오시는 어머니

저희에게 다시
사랑하는 법을 가르쳐 주십시오
성령의 놀라운 힘으로
가장 아름다운 "사랑의 집"이 되신 어머니
사랑은 시련의 아픔을 받아들여
더욱 귀한 보석이 되는 것임을
저희가 오늘 다시 기억하게 해 주십시오

"기뻐하소서, 은총을 입은 이여,
주님께서 당신과 함께 계십니다"
천사가 당신께 무릎 꿇고 드렸던
이 겸손하고 환희에 찬 인사말을
저희도 가장 가까이 함께 사는 이들에게
멀리서 사랑을 갈구하는 이들에게
때로는 용서하기 어려운 이들에게
먼저 사랑으로 건넬 수 있는
지혜와 용기를 주십시오
지상에 머무는 동안 저희가

서로 더욱 사랑하고, 고마워해서
마음속엔 이미 기쁨의 날개가 돋아나는

지상의 천사들이 되게 해 주십시오

"당신 말씀대로 저에게 이루어지기 바랍니다"
하느님의 거룩한 뜻을 받아안아
더욱 거룩해지신 성모님
저희도 이제 당신과 함께 길을 떠납니다
침묵 속에 말씀하시는 주님의 뜻을
가슴에 깊이 담아 새기면서
저희도 고요하고 평화롭게
어머니와 함께 구원의 먼 길을 떠납니다

대림 3주
기쁨 주일의 기도

산에 들에 언덕에
흰 눈이 내리듯이
하늘스런 기쁨들이
내리게 하여 주십시오

티 없이 정결한
기쁨의 눈송이들이
우리들 마음밭에
내리게 하여 주십시오

사랑하는 마음에 기쁨이 옵니다
기도하는 마음에 기쁨이 옵니다

기다리는 마음에 기쁨이 옵니다
감사하는 마음에 기쁨이 옵니다

너무 높지도 않은
너무 낮지도 않은
잘 조화된 중간음의 기쁨의 목소리

너무 진하지도 않은

너무 연하지도 않은
고운 분홍빛 기쁨의 빛깔

기쁨은 우리의 양식입니다
우리는 매일 기쁨을 먹고 성숙합니다

정성껏 기도할 때
충실히 소임에 임할 때

수업 시간에 응답할 때
청소하고 설거지할 때
명상의 숲길을 산책할 때

식탁에서 이야기할 때
담화 시간에 웃음을 쏟아 낼 때
서로의 이름을 불러 줄 때
다정히 대답할 때
이 모든 행위 안에 기쁨은 가까이 있었습니다

모든 이 안에 예수를 만나며
매사에 아멘 할 때에

기쁨은 촛불로 타고 있었습니다

우리는 알았습니다
기쁨의 보석들은 널려 있지만
참기쁨은 그것을 갈고닦는 자에게만
애쓰는 자에게만 주어지는
정직한 선물임을 알았습니다

우리는 알았습니다
기쁨의 씨앗들은 많이 있지만
참기쁨은 그것을 키우는 자에게만
가꾸는 자에게만 주어지는
은혜로운 선물임을 알았습니다

미워하는 마음에 기쁨이 아니 옵니다
나태한 마음에 기쁨이 아니 옵니다

성급한 마음에 기쁨이 아니 옵니다
불평하는 마음에 기쁨이 아니 옵니다

완전한 기쁨이신 주여

기쁨 자체이신 주여
당신이 불러 주신 이 기쁨의 집에서
우리 모두
당신만을 우러르는
청정한 기쁨의 나무들로 살게 해 주십시오

얼어붙은 한겨울의 추위를
따뜻한 사랑의 마음으로 서로 녹이며
오시는 당신을 영접하게 하십시오

나눌수록 커지는 사랑의 기쁨이
오늘은 당신 앞에
환한 장미꽃으로 피게 해 주십시오

당신만이 엿보시는
우리 영혼의 밀실에
때로는 고통의 가시들이 자랄지라도
흔연히 피게 하여 주십시오

그리하여 아픔을 이겨 낸 한 송이의 기쁨이
언젠가는 더 아름다운 빛깔로

피어오르게 해 주십시오

형제여 이리 오십시오
기쁨이신 주님 어서 오십시오

대림 4주
성탄 준비

우리의 삶이
아무리 바쁘고
고단하더라도
12월엔 그분을 기다려야 하리
어린이로 오시는
구세주 예수님을
더 깊이 생각해야 하리

죄로 얼룩진
남루한 마음
어둠에 익숙하여
드러내기 싫은 모습
더는 망설이지 말고
빛으로 오시는 아기 앞에
눈물로 무너지는
환희를 맛보아야 하리

사랑이신 예수님이
사랑으로 태어났기에
집이 될 수 있는 이 세상에서

온 인류를 가족으로
힘차게 끌어안으며
우리 모두
하나 되어야 하리

눈 속에 묻혀서도
일어서는 보리처럼
우리의 언 가슴에
푸른 희망 키우며
어린이로
어린이로
맑아져야 하리

얼음 밑에서도
쉬임 없이 흐르는 냇물처럼
있는 그대로의 겸허함으로
우리 모두 이웃에게
기쁨이 되어야 하리

성탄

구유 앞에서

하늘에서 땅까지
참으로 먼 길을 걸어 내려
우리에게 오셨습니다
하느님과 인간 사이의
엄청난 거리를 사랑으로 좁히러 오셨습니다
예수아기시여

마리아의 몸속에
침묵하는 말씀으로 당신이 잉태되셨을 제
인류의 희망과 기다림도 잉태되었습니다
당신이 마리아의 태중에서 베들레헴으로
먼 길을 가셨을 제
순례하는 인류의 긴 여정도 시작되었습니다
당신이 요셉과 마리아와 함께
숙소를 찾아 헤매실 제
인류도 방을 잃고 서 있었습니다
추위에 몸을 떨면서
울고 싶은 마음으로 서성였습니다

당신이 비로소 첫울음 터뜨리며
가난한 구유 위에

부요한 사랑으로 누우셨을 제
인류와 교회는 낳음을 받았습니다
구원의 문이 열리고
구원의 새 역사가 시작되었습니다

천 년이 지나고 또 천 년이 지나도록
당신은 변함없는 사랑으로 오시건만
당신을 외롭게 만든 건
정작 우리가 아니었습니까
누우실 자리 하나 마련 못한 건
바로 우리가 아니었습니까

죄 많은 우리를 위해
부끄러움도 무릅쓰고
한없이 작아지신 겸손의 아기시여
우리는 오늘 밤 처음인 듯 새롭게
당신을 구세주 예수라 부릅니다
예언자의 말씀대로 탁월한 경륜가가 되실
용사이신 하느님이 되실
평화의 임금님이 되실(이사 9,6)
인류의 영원한 애인, 예수라 부릅니다

신앙 없이는 차마 알아들을 수 없는
놀라운 약속과 은총의 아기시여
우리의 어둠에 어서 불을 켜소서
손님 아닌 주인으로
당신을 맞을 마음의 방에
어서 불을 켜게 하소서
돌처럼 딱딱한 마음 대신
아기의 살결처럼 부드러운 마음으로
당신을 보게 하시고
욕심의 비늘 번쩍이는 어른옷 대신
티 없이 천진한 아기옷을 입고
기도하게 하소서

우리 오늘 당신 앞에
천사는 아니어도 기쁜 노래 부릅니다
목자는 아니어도 달려왔습니다
삼왕은 아니어도 성령의 별을 따라
믿음과 소망과 사랑의 예물을 들고
여기까지 왔습니다

오늘 밤 당신의 탄생과 함께
온 교회와 온 인류가
당신을 기리며 태어나게 하소서

두 쪽으로 갈라져서 아픔도 많은
이 조그만 나라
길가에서 아이 낳는 여인처럼
외롭고 고달픈 우리의 모국
살얼음 딛듯 불안한 매일 속에
응어리진 상처와 한숨을
마음 놓고 토해 낼 수도 없는 답답한 이 겨레도
당신께 희망을 걸고
다시 태어나게 하소서

끊임없이 당신을 부르며
기도하고 일하는 한국 교회가
감사하며 걸어가는 우리 자신이
당신께 목숨을 거는 믿음으로
다시 태어나게 하소서

아아, 주 예수 그리스도 임마누엘이여

사랑이신 당신 앞에
천지가 잠을 깨는 밤
당신을 닮고 싶은 영혼들이
피리를 부는 아름다운 밤이여

성탄

성탄 밤의 기도

낮게 더 낮게
작게 더 작게 아기가 되신 하느님
빛의 예수님
모든 이가 당신을 빛이라 부르는 오늘 밤은
이 지상에서 가장 아름다운 밤
빛으로 오시는 당신을 맞이하여
우리도 한 점 빛이 되는
빛나는 성탄 밤입니다

죽음보다 강한 지극한 사랑 때문에
우리와 똑같은 인간의 모습을 지니시고
"세상"이라는 구유, 우리 "마음"이라는 구유 위에
아기로 누워 계신 작은 예수여
진정 당신이 오시지 않으셨다면
우리에겐 아무런 희망도 없습니다, 기쁨도 없습니다
평화도 없습니다, 구원도 없습니다
당신의 오심으로 우리는
희망과 기쁨 속에 다시 살게 되었습니다
평화와 구원의 의미를 깊이 헤아리게 되었습니다

티 없이 맑고 천진한 당신이 누우시기엔

너무 어둡고 혼탁한 세상이오나 어서 오십시오
진리보다는 불의가 커다란 언덕으로 솟고
선보다는 악이 승리하는 이 시대의
산 같은 어둠을 허물어 내기 위하여
어서 오십시오
죄 없는 당신이 누우시기엔
너무 죄 많은 우리 마음이오나 어서 오십시오
자유의 주인이길 원하면서도
율법과 이기심의 노예로 떨어진 어둠
빛이신 당신을
온전한 사랑과 믿음으로 받아들이지 못한
나태한 마음의 어둠을 몰아내기 위하여
어서 오십시오

우리는 오늘 하늘의 천사들처럼
참을 수 없는 기쁨을 노래로 찬미합니다
밤길을 달려온 목동들처럼
놀라움과 설렘으로 당신께 인사합니다

당신을 낳은 성모 마리아와 함께
당신을 따르는 겸손과 사랑의 길을 선택합니다

성가정의 길잡이신 성 요셉과 함께
충성스런 믿음과 인내의 길을 선택합니다

낮게 더 낮게 아기가 되신 하느님
침묵의 빛 속에 말씀으로 누워 계신 빛의 예수여
"당신을 사랑합니다"
이것이 우리가 당신께 드리는
처음과 끝의 가장 소박하고 진실한 기도이게 하소서

비록 가진 것 없어도 당신을 사랑하는 마음만으로
행복한 부자인 우리 자신을 축복하소서
나자렛 성가정을 본받아 평화의 빛 속으로
많은 이를 불러 모으려는 우리 한국 교회를
우리가 당신을 업고 뛰어가서
당신의 깊은 사랑을 보여 주어야 할 수많은 이웃들을
기억하는 이 거룩한 밤

당신을 빛이라 부름으로
우리도 당신과 더불어 한 점 빛이 되는
이 고요한 기도의 밤
빛의 예수여, 당신께 받은 빛이

꺼짐 없이 우리 안에 타오르게 하소서
매일의 삶 속에서 당신의 성탄이 이루어지게 하소서

성탄

성탄 편지

친구여, 알고 계시지요?
사랑하는 그대에게
제가 드릴 성탄 선물은
오래전부터
가슴에 별이 되어 박힌 예수님의 사랑
그 사랑 안에 꽃피고 열매 맺은
우정과 기쁨과 평화인 것을

슬픈 이를 위로하고
미운 이를 용서하며
우리 모두 누군가의 집이 되어
등불을 밝히고 싶은 성탄절
잊었던 이름들을 기억하고
먼 데 있는 이들을
가까이 불러들이며 문을 엽니다

죄가 많아 숨고 싶은
우리의 가난한 부끄러움도
기도로 봉헌하며
하얀 성탄을 맞이해야겠지요?

자연의 파괴로 앓고 있는 지구와
구원을 갈망하는 인류에게
구세주로 오시는 예수님을
오늘 다시 그대에게 드립니다

일상의 삶 안에서
새로이 태어나는 주님의 뜻을
우리도 성모님처럼
겸손히 받아안기로 해요
그동안 못다 부른 감사의 노래를
함께 부르기로 해요

친구여, 알고 계시지요?
아기 예수의 탄생과 함께
갓 태어난 기쁨과 희망이
제가 그대에게 드리는
아름다운 새해 선물인 것을 …

성탄

성탄 인사

사랑으로 갓 태어난 예수아기의
따뜻한 겸손함으로
순결한 온유함으로
가장 아름다운 인사를 나누어요, 우리
오늘은 낯선 사람이 없어요

구세주를 간절히 기다려 온
세상에게
이웃에게
우리 자신에게
두 팔 크게 벌리고

가난하지만 뜨거운 마음으로
오늘만이라도
죄 없는 웃음으로
임마누엘
임마누엘

예수아기가 누워 계셔
거룩한 집이 된 구유 앞에
우리 모두 동그란 마음으로 둘러서서

서로를 더욱 용서하고
서로를 더욱 신뢰하는
사랑의 사람으로 다시 태어나요

예수님을 닮은
평화의 사람으로 길을 가기 위해
오래오래 꺼지지 않는
등을 밝혀요, 우리
주님이 주시는 믿음의 기름을
더욱 넉넉히 준비해요, 우리

임마누엘
임마누엘
예수아기의 흠 없는 사랑 안에
새롭게 태어나요

성탄
주님의 오심으로

캄캄한 밤하늘에 떠오르는 별처럼
우리 마음의 어둠을 밝히며
빛이 되신 예수님
우리의 간절한 기다림이며
애틋한 그리움으로 오시어
지금은 구유에 누워 계신 아기 예수님

크리스마스 촛불처럼 작지만 따스한
우리 마음의 방으로 어서 들어오십시오
크리스마스 꽃처럼 붉게 물든
우리 기쁨의 기도 속으로 어서 들어오십시오

사랑이 무너져 신음하는 세상과
자신을 아낌없이 내어놓지 못하는
우리 마음 사이에서
우리는 종종 하느님의 울음소릴 듣습니다

그치지 않는 그 울음소리를 따라
우리도 소리 없이 눈물을 흘리지만
우리의 무력함만 절감할 뿐
어찌할 바를 모를 때가 많습니다

먼 곳의 침묵만으로는 견디지 못해
너무도 가까운 말씀이 되시어
우리 가운데로 들어오신 구세주 예수님
우리를 너무도 사랑하시어
우리처럼 되시길 원하신 예수님

주님의 오심으로
세상은 다시 아름다워지기 시작하고
주님의 오심으로 인류는 다시 희망하기 시작합니다
주님의 오심으로
우리는 비로소 믿기 시작하고
주님의 오심으로
우리는 비로소 참사랑의 의미를 알아듣게 됩니다

어디로 가야 할지 모르는 우리에겐
길이 되어 주시고
무엇을 추구해야 할지 모르는 우리에겐
진리가 되어 주십시오

어떻게 살아야 할지 모르는 우리에겐

생명이 되어 주시고
의혹과 불안에 떠는 우리에겐
평화가 되어 주십시오

겸손으로 가난하게 오셨지만
사랑으로 부요하게 빛나는 아기 예수님
주님처럼 겸손하고 가난하지 못해
주님을 품에 안을 자격조차 없는
죄 많은 우리이지만
오늘은 우리의 경배를 받으시옵소서

주님을 품에 안고도
말로는 다 못할
우리 마음의 깊디깊은 사랑을
작은 예물로 받아 주옵소서
우리도 주님과 함께
죄와 미움을 모르는 사랑의 아기로
다시 태어나게 하옵소서

부르면 부를수록 생명으로 살아오는
예수님의 이름을 부르는 것만으로도

기도가 되는 오늘 밤
만나면 만날수록 더 가까이 다가서고 싶은
예수님의 모습을 바라보는 것만으로도
행복이 되는 오늘 밤

주님을 거룩한 임금으로 모실 우리 마음의 방에
은혜의 촛불을 켜고
감사 노래 부릅니다
바이올린의 현처럼
부드럽게 떨리는 기쁨으로
찬미 노래 부릅니다

오늘의 세계와 교회를 봉헌합니다
우리나라와 민족을 봉헌합니다
전 세계의 가정과 이웃을 봉헌합니다

오소서 구원의 태양이신 주 예수님
오소서 세상의 빛이신 주 예수님
오소서 하느님의 지혜이신 주 예수님
오소서 임마누엘이신 주 예수님

하늘 높은 곳에는 하느님께 영광
땅에서는 그가 사랑하시는 사람들에게 평화!

성탄

당신은 우리에게

차가운 겨울 바람 속에
당신의 이름을 부르는 것만으로도
우리 마음엔 환한 불이 켜집니다
그 이름에서 흘러나오는 밝고 따스한 빛은
우리를 하나로 불러 모아 행복하게 해 줍니다

작고 낮게 오시어
우리도 작고 낮아져야만 안아 볼 수 있는
사랑의 구세주 아기 예수님
당신은 우리의 첫 꿈이 되어 주십시오
세상에서 일어나는 힘든 일들이
하도 불안하고 답답해서
자주 한숨 쉬며 절망하는 우리를
희망으로 일으켜 세우는 꿈이 되어 주심에
깊이 감사드립니다

사랑의 구세주 아기 예수님
당신은 우리에게 길이 되어 주십시오
진리를 향한 목적지를 두고도
다른 길로 가고 싶어 방황하는 우리를
바르게 인도하는 길이 되어 주심에

깊이 감사드립니다

사랑의 구세주 아기 예수님
당신은 우리에게 별이 되어 주십시오
용서와 화해를 모르는 이기심의 그늘에서
빠져나오지 못하고 안주하는 어둠일 때
우리를 하늘로 끌어올리는 별이 되어 주심에
깊이 감사드립니다

사랑의 구세주 아기 예수님
당신은 우리에게 눈물이 되어 주십시오
죄를 짓고도 절절히 통회하며 울 줄 모르는
냉랭하고 무감각한 우리에게
맑고 투명한 눈물이 되어 주심에
깊이 감사드립니다

사랑의 구세주 아기 예수님
당신은 우리에게 기도가 되어 주십시오
순결한 세례성사의 첫 기도 이후
수많은 날들을 기도했지만
아직도 기도할 줄 모르는 우리에게

존재 자체로 기도가 되어 주심에
깊이 감사드립니다

사랑의 구세주 아기 예수님
당신은 우리에게
침묵하는 말씀이 되어 주십시오
쓸모없는 말로 지혜를 잃어버려
언어에도 힘이 없는 오늘의 우리에게
가장 아름답게 침묵하는 말씀으로 오심에
깊이 감사드립니다

사랑의 구세주 아기 예수님
당신은 우리에게 눈부신 생명으로 오십시오
습관적인 무관심, 무절제, 무기력으로
살아서도 이미 죽음을 맛보는 우리에게
새롭게 부활하는 생명으로 오심에
깊이 감사드립니다

오, 임마누엘, 빛이신 주님
당신의 이름을 부르는 것만으로
우리는 당신을 닮은 빛이 됩니다

오, 임마누엘, 기쁨이신 주님
당신의 이름을 부르는 것만으로도
우리는 천사의 날개를 단 기쁨이 됩니다
세상 가운데 오시어 우리를 부르시니
우리 가운데 오시어 우리를 부르시니
작게 더 작게
낮게 더 낮게
어리석은 사랑으로
당신과 함께 순수한 어린이로
다시 태어나겠습니다
이 사랑이 시들지 않고
싱싱하게 자라날 수 있도록
늘 함께 계셔 주십시오

평화를 원하는 전 세계에
우리나라에
우리 공동체에
우리 각자의 마음속에
당신께 배운 어리석은 사랑을
겸손하게 키워서
승리하게 해 주십시오

성탄

예수님의 이름을 부르는 것만으로도
— 성탄 구유 예절에서

길 잃은 이 세상에
길이 되어 오시는 구세주 예수님
세상은 내내 당신을 기다렸고
우리는 당신을 그리워했습니다
오직 당신만이 구원자이심을
새롭게 고백하는 오늘 밤
당신의 이름을 부르는 것만으로도
감사하고 행복한 우리 벅차오르는 설렘과 기쁨 속에
당신의 그 이름을 다시 불러 봅니다

세상에서 가장 빛나는 이름, 예수님
당신의 오심으로 이 밤은 더욱 빛납니다

당신의 그 빛남으로
우리의 죄 많은 어둠을 밝혀 주소서
죄의 어둠 속에 쉽게 빠지지 않을
눈 밝은 지혜와 용기를 주소서

세상에서 가장 거룩한 이름, 예수님
당신의 오심으로 이 밤은 더욱 거룩합니다
헛된 것을 따르는 우리의 눈길과 마음을

정화시켜 주소서
항상 하느님을 첫 자리에 두며
완덕으로 정진하는 거룩함에 이르게 하소서

세상에서 가장 고요한 이름, 예수님
당신의 오심으로 이 밤은 더욱 고요합니다
당신의 그 고요함으로
온갖 분심잡념 속에
소란하기 그지없는 우리 마음을 고요하게 하소서
침묵으로 오시는 말씀이신 당신 안에 우리 모두
미움의 거친 말이 아닌 '사랑의 고운 말'로
일상의 삶에서 다시 태어나게 하소서

세상에서 가장 따뜻한 이름, 예수님
당신의 오심으로 이 밤은 더욱 따뜻합니다
우리의 차가운 무관심과 냉담함
서로를 따뜻하게 챙겨 주지 못하는 욕심과
용서에 더딘 이기심으로
얼어붙은 마음들을 녹여 주소서
안팎으로 많은 문제를 안고 고민하며 괴로워하는
우리 가족들의 겨울을 당신의 사랑으로 녹여 주소서

세상에서 가장 겸손한 이름, 예수님
당신의 오심으로 이 밤은 더욱 겸손합니다
편견과 오만으로 끈질기고 뻣뻣하게 되어
우리 스스로도 힘들어하는
속 깊은 교만의 뿌리를 뽑아내고
온유함과 겸손함으로 다시 태어나게 하소서
자신의 허물과 잘못을 있는 그대로 받아들이는
어린이의 단순함과 부드러움을
다시 배우게 하소서

세상에서 가장 의로운 이름, 예수님
당신의 오심으로 이 밤은 더욱 의롭습니다

사소한 불의와도 타협하지 않는 정직함으로
함부로 양심을 팔지 않는 깨끗함으로
우리 모두 부끄럼 없이 거듭나게 하소서
작지만 자랑스러운 순교 성인들의 땅에
사는 국민으로
우리나라의 크고 작은 고통의 어둠과 시련들도
함께 마음 모아 슬기롭게 극복하는

아름답고 꿋꿋한 의인 되게 하소서

아기 예수님의 탄생을 반기는 오늘
하늘에서 땅으로 내려온 천사들과 함께
우리 모두 함께 기뻐하는 별이 됩니다
빛나게 거룩하게 고요하게
따뜻하게 겸손하게 의롭게
당신을 따르는 별이 됩니다

세상에서 가장 아름다운 이름, 임마누엘 예수님
처음과 마지막으로 우리가
함께 부를 이름, 예수님
살아가는 법을 몰라 길을 잃었던 우리
길이신 당신을 따르는 또 하나의 길이 되겠습니다

사랑하는 법을 몰라 집을 잃었던 우리
집이신 당신과 함께
집 없는 이들의 집이 되겠습니다
우리가 서로를 인내하고 용서하는 순간마다
우리 안에 새롭게 태어나실 아기 예수님
사랑하는 당신께 고개 숙여 큰절 올립니다

이제와 영원히 찬미 영광 받으소서!
아멘

성탄

당신만이 빛이시오니

세상은 불안하고
마음은 답답하고
어둠은 길었습니다

가장 아름답고 순결한
기다림의 완성이며
그리움의 시작이신 구세주 예수님
어서 오십시오

저희 각자의 마음에
눈부신 태양으로 떠오르시어
스스로의 힘만으로는 감당할 수 없는
가엾은 한 생애를
끝까지 빛으로 밝혀 주십시오

이제 당신이 가시는 길에
저희도 동행하게 해 주십시오

선과 진리의 길에서도
원하는 것이 너무 많지만
원하는 만큼 노력하지 않은

무관심의 잘못을 용서해 주십시오
부끄러운 죄가 하도 많아
숨고 싶은 비겁함과 울 수도 없는 나약함을
그대로 지닌 채로 다시 태어나고 싶습니다

사랑에 대해 수없이 말했으나
진정 사랑할 줄 모르는 저희에게
참사랑을 가르치러 이 땅에 오신 주님
저희도 당신처럼 마음을 하늘에 두고
땅에 뿌리내리는 사랑을 하게 하소서

평화 없는 세상이라 외치면서도
정작 평화를 위해 투신하는
열정이 부족한 저희에게
참평화를 가르치러 오신 주님
저희도 당신처럼 존재 자체로
일상의 삶에서 평화를 증거하게 하소서

언제나 미움에 빠르고
용서에 더딘 저희에게
겸손을 가르치러 오신 주님

저희도 당신처럼
낮아지고 작아지는 용기로
단순하고 신뢰 깊은 어린이가 되게 하소서
슬픔과 불신에 익숙하고
기쁨과 감사에 더딘 저희가
당신처럼 감사로 이어지는
참기쁨을 키워 가게 하소서

수없이 결심하고 결심하지만
자신을 포기하는 겸손이 힘들고
모든 것을 포기하는 가난이
아직은 두렵기만 합니다
모든 이를 조건 없이 사랑하고
진심으로 용서하는 것이
불가능하게 여겨질 적이 많습니다
세상엔 더 이상 희망이 없다고 푸념하며
밤낮으로 헤맬 적도 많습니다

이러한 저희를 내치지 않으시고
넓은 사랑으로 받아 주시는 구세주 예수님

그 끝없는 자비의 빛이 오늘 밤
저희를 설레게 합니다
행복의 큰 별 하나 떠오르게 합니다
다시 살아갈 힘을 당신께 배우는 오늘은
구원의 축제이며 인류의 생일입니다
잊을 수 없는 사랑의 날입니다

임마누엘, 구원의 태양이시여
임마누엘, 희망의 별이시여
임마누엘, 평화의 아기시여
찬미 영광 받으소서

이제 어둠이 물러선 자리에
오직 당신만이 빛이시기에 저희도
어둠을 떨치고 일어서게 하소서
오직 당신만이 빛이시기에 저희도
고요히 작은 빛으로 일어나
힘차게 승리하게 하소서
아멘

성탄
당신께서 오신 세상 속으로

닿을 수 없는 하늘과 땅을
하나로 잇는 사랑이 되어 오신
하느님 아기시여
당신을 맞이하는 우리 마음이
올해는 더욱 고마움으로 설렙니다
당신의 이름을 부르는 우리 목소리도
올해는 더욱 반가움으로 떨려 옵니다
오직 당신으로 인해
잃었던 웃음을 찾고
잃었던 희망을 찾는 우리
'진리 안의 평화'를 외치시는 교황님과 함께
나라가 걱정스러워 눈물 흘리시는
추기경님과 함께
진리를 갈망하는
이 땅의 수많은 사람들과 함께

올해는 더욱 간절히 당신을 기다렸습니다
진정 당신이 오셨기에
우리의 삶은 다시 빛을 발하고
진정 당신이 오셨기에
감사의 기도가

꽃보다 아름다운 촛불로 타오릅니다

아직도 미움과 분열이 끊이지 않는 세상 속으로
사람들이 돌보지 않아 훼손된 자연 속으로
지나친 이기심으로 조화가 깨진 세상 속으로
가장 가까운 가족들로부터 외면당하는 이들의
깊디깊은 외로움 속으로
병들고 가난한 이들의 아픔 속으로
폭설에 갇힌 이웃의 막막한 슬픔 속으로
마음 붙일 곳 없어 방황하는 영혼들 속으로
기도할 줄 몰라 불안해하는 우리의 마음속으로
이제 당신께서 구세주로 오셨습니다

거짓 진실, 거짓 평화, 거짓 사랑이 지배하는 오늘이 슬퍼
우리보다 더 많이 울고 계신 당신께
우리는 몸 둘 바를 모르고 고개를 숙입니다
우리가 어떻게 하면 당신을 닮은
아름다운 사랑을 할 수 있을까요
우리가 어떻게 하면 아주 작은 빛 한 점 되어
이 세상을 밝힐 수 있을까요

당신의 부드러움
당신의 따뜻함
당신의 순결함으로
꽁꽁 얼어붙은 이 추위를 녹여 주십시오
우리의 모든 날들이
평범한 것에서도
기적을 발견하는 놀라움으로
세상과 이웃을 향해 뛰어가는
한 편의 노래이게 하소서
감사밖엔 지닌 게 없는
가난한 부자이게 하소서
'말씀을 듣고 기도하고 실행하려는'
저희 수도공동체의 가족들이
성모 어머님을 닮은 사람으로
서로 돕고 순명하는 가운데
겸손의 튼튼한 집을 짓게 하소서
구원의 첫 역사가 이루어지는 오늘 밤
감당할 수 없는 큰 사랑을 받는 놀라움으로
너무 기쁘고 행복한 밤
우리는 다시
진리의 먼 길 떠나는 삼왕입니다

당신을 경배하는 목동입니다
힘차게 노래하는 천사입니다
먼 데까지 이웃을 비추는 별들입니다

멈출 수 없는 노래로
우리가 새롭게 선택하는 영원한 사랑이시여
그 무엇과도 그 누구와도 바꿀 수 없는
신비한 그리움, 하느님 아기시여
사랑합니다!
감사합니다!

성탄
우리는 믿습니다

인간에 대한 지극한 사랑을
하늘의 침묵만으로는 견딜 수 없어
마침내 말씀으로 살아오신 구세주 예수님
구유에 누우신 아기 예수님

길고 오랜 기다림의 하늘에는
이제 밝은 별이 돋아납니다
사무치는 그리움의 골짜기에는
이제 맑은 물이 흘러내립니다

당신의 탄생으로
세상이 놀라워하고
당신의 탄생으로
사람들은 즐거워합니다

인간으로 오신 당신이기에
우리가 인간임을 다시 한 번
설레며 기뻐합니다

당신이 오신 세상이기에
때로는 힘겨워도 살아야 할

삶의 이유를 축복으로 바꿉니다

죽음과 절망과 불안
어둠과 혼돈과 두려움이
생명과 희망의 약속으로 바뀌는
이 아름다운 기적의 밤

우리는 믿습니다
길이신 당신을 한결같이 따르면
마침내 우리도 진리에 도달하는
하나의 길이 된다는 것을

우리는 믿습니다
빛이신 당신을 날마다 우러르면
마침내 우리도 어둠을 밝히는
한 점 빛으로 타오를 수 있음을

우리는 믿습니다
샘이신 당신 곁에 겸손히 머무르면
마침내 우리도 목마른 이들을 축여 주는
마르지 않는 샘이 될 수 있음을

우리는 믿습니다
문이신 당신께
단순한 신뢰로 마음을 열면
마침내 우리도 이웃을 위한 사랑의 문으로
활짝 열릴 수 있음을

당신이 오신 기쁨으로
이렇게 빛나는 세상
당신이 오신 기쁨으로
이렇게 행복한 사람들

당신이 사랑하는
세상과 사람들을
오늘은 다시 당신께
첫 예물로 봉헌합니다

가난하지만 뜨거운
우리 마음 안에서
꺼지지 않는 불꽃으로 타오르십시오
초라하지만 평화로운

우리 마음 안에서
온 세상을 끌어안는
지혜의 하느님으로 더욱 빛나십시오

우리와 함께 울고 웃고
우리와 함께 아파하시려고
빈손 빈 마음의 가난함으로
구세주 아기께서 오셨습니다

첫눈 같은 순결함으로 말을 배우는 아기처럼
우리도 다시 사랑을 배우렵니다
오만의 뻣뻣한 등에 겸손한 아기를 업고
이 세상 끝까지 뛰어가렵니다

오, 멈출 수 없는 노래여
말로는 다 할 수 없는 사랑에
그저 출렁일 수밖에 없는 신비의 바다여
어서 오십시오, 임마누엘
이제 와 영원히 찬미 받으십시오

주님 공현
별이 되게 하소서

예수님
부를수록 새로운 당신의 그 이름만이
언제나 우리의 별이 되게 하소서
이제 당신이 우리에게
더욱 가까이 오셨으니
당신이 오신 날은 우리의 생일이며
새해 첫날의 설렘인 것을
오늘은 더욱 마음으로 압니다

당신께 드릴
황금과 유향과 몰약을
정성껏 준비한 동방의 세 현자들처럼
우리도 당신께 각자가 준비한
믿음과 소망과 사랑의 예물을 드리오니

비록 무게도 향기도 부족하여
가난한 예물이 될지라도
우리를 향한 당신의 그 뜨거운 사랑으로
어여삐 받아 주실 것을
우리는 마음으로 믿습니다

예수님
받을수록 놀라운 당신의 그 사랑만이
언제나 우리의 별이 되게 하소서

별을 따라 먼 길을 걸어
마침내 당신과의 만남을 이룬
동방의 세 현자들처럼
우리도 고단한 여정을
신앙으로 계속하여
당신을 만나뵙기 원이오니

예수님
우리가 진심으로 당신을 사랑하면
먼 길도 가까워지는 것을
낯선 이웃도 가까운 형제 되는 것을
오늘은 더욱 마음으로 깨닫습니다

아직도 다는 알아듣지 못한
당신의 끝없는 사랑을
침묵으로 헤아리며 당신을 경배하오니
천사와 목동들과 동방의 현자들과 더불어

당신을 경배하오니

예수님
당신 안에
새롭게 시작하는 새해엔
우리도 별이신 당신을 닮아
또 하나의 별이 되게 하소서

마음마다 집집마다 거리마다
구원의 기쁜 소식을 빛으로 선포하는
별이 되게 하소서

하늘의 별처럼 높이 살진 못해도
이름 있는 별처럼 반짝이진 못해도
예수님
우리가 당신을 진심으로 사랑하면
사랑에 목숨을 거는
또 하나의 별이 될 수 있음을
오늘은 더욱 기도하며 압니다

그리하여 저주의 말은 찬미의 말로 바뀌고

불평의 말은 감사의 말로 바뀌는 것을
절망은 희망으로 일어서고
분열은 일치와 평화의 옷을 입으며
하찮고 진부하게 느껴지던 일상사가
아름답고 새로운 노래로 피어나는 것을
당신의 은총 속에 압니다

예수님
부를수록 정다운 당신의 그 이름만이
우리의 빛나는 별이 되게 하소서

이제
당신이 오신 날은
우리의 축일
새해 첫날의 기쁨인 것을
처음인 듯 새롭게 마음으로 압니다

성 요셉 성월

성 요셉을 기리며

3월의 바람 속에
제일 먼저 불러 보는
당신의 이름
그 이름 앞에
새삼 무슨 말이 필요할까요

당신의 생애는 그대로
한 편의 시였음을
3월의 바람이 일러 줍니다

그 깊은 침묵은
하늘이 땅으로 내려오게 했고
그 강한 인내는
위선과 고집의 바위를 뚫게 했으며
그 맑은 겸손은
인류를 하나로 묶는
따뜻한 강이 되었습니다

삶이 고달플 때 당신을 생각합니다
사람들을 이해하기 힘들 때
때로는 울면서 당신을 기억합니다

긴 말 필요 없는 침묵 속에
어느새 넓은 평화로
위로가 되어 주는
당신이 계시기에 행복합니다

예수님을 키우신 그 사랑으로
우리를 지켜 주소서
성모님과 함께하신 그 사랑으로
우리와 함께하소서
당신을 닮아 우리의 삶이
고통 속에서도
감사로 이어지게 하소서

사순절

재의 수요일 아침에

"사람은 흙에서 왔으니
흙으로 돌아갈 것을 생각하십시오"

이마에 재를 얹어 주는 사제의 목소리도
잿빛으로 가라앉은 재의 수요일 아침
꽃 한 송이 없는 제단 앞에서 눈을 감으면
삶은 하나의 시장기임이 문득 새롭습니다

죽어 가는 이들을 가까이 지켜보면서도
자기의 죽음은 너무 멀리 있다고만 생각하는
많은 사람들 속에 나도 숨어 있습니다

아름다움의 발견에 차츰 무디어 가는
내 마음을 위해서도
오늘은 맑게 울어야겠습니다

먼지 낀 마음의 유리창을
오랜만에 닦아 내며 하늘을 바라보는 겸허한 아침
하늘을 자주 바라봄으로써
땅도 사람도 가까워질 수 있음을
새롭게 배웁니다

사랑 없으면 더욱 짐이 되는 일상의 무게와
나에 대한 사람들의 무관심조차
담담히 받아들이는 일
이 또한 기도의 시작임을 깨닫는
재의 수요일 아침입니다

사순절
또다시 당신 앞에

해마다 이맘때쯤 당신께 바치는 나의 기도가
그리 놀랍고 새로운 것이 아님을
슬퍼하지 않게 하소서

마음의 얼음도 풀리는 봄의 강변에서
당신께 드리는 나의 편지가
또다시 부끄러운 죄의 고백서임을
슬퍼하지 않게 하소서

살아 있는 거울 앞에 서듯
당신 앞에 서면
얼룩진 얼굴의 내가 보입니다

"죄송합니다"라는 나의 말도
어느새 낡은 구두 뒤축처럼 닳고 닳아
자꾸 되풀이할 염치도 없지만
아직도 이 말 없이는
당신께 나아갈 수 없음을 고백하오니
용서하소서 주님

여전히 믿음이 부족했고

다급할 때만 당신을 불렀음을
여전히 게으르고 냉담했고 기분에 따라 행동했음을
여전히 나에겐 관대했고 이웃에겐 인색했음을
여전히 불평과 편견이 심했고
쉽게 남을 판단하고 미워했음을
여전히 참을성 없이 행동했고 절제 없이 살았음을
여전히 말만 앞세운 이상론자였고
겉과 속이 다른 위선자였음을
용서하소서 주님

옷을 찢지 말고 마음을 찢으라 하셨습니다
이 사십 일만이라도 거울 속의 나를 깊이 성찰하며
깨어 사는 수련생이 되게 하소서
이 사십 일만이라도 나의 뜻에 눈을 감고
당신 뜻에 눈을 뜨게 하소서
때가 되면 황홀한 문을 여는
꽃 한 송이의 준비된 침묵을
빛의 길로 가기 위한
어둠의 터널을 기억하고 싶습니다

내 잘못을 뉘우치는 겸허한 슬픔으로

더 큰 기쁨의 부활을 약속하는
은총의 때가 되게 하소서

재의 수요일 아침
사제가 얹어 준 이마 위의 재처럼
자디잔 일상의 회색빛 근심들을 이고 사는 나

참사랑에 눈뜨는 법을
죽어서야 사는 법을
십자가 앞에 배우며
진리를 새롭히게 하소서

맑은 성수를 찍어 십자를 긋는 내 가슴에
은빛 물고기처럼 튀어 오르는
이 싱싱한 기도

"주님 내 마음을 깨끗이 만드시고
내 안에 굳센 정신을 새로 하소서"

사순절

사랑과 침묵과 기도의 사순절에

주님
제가 좀 더 사랑하지 못하였기에
십자가 앞에서 사랑을 새롭히는
사순절이 되면
닦아야 할 유리창이 많은 듯 제 마음도
조금씩 바빠집니다

제 삶의 일과표엔 언제나
당신을 첫자리에 두고서도
실제로는 당신을 첫자리에
모시지 못했음을 용서하소서

"올해에도 우선 작은 일부터 사랑으로"
이렇게 적혀 있는 마음의 수첩에
당신의 승인을 받고 싶습니다 주님

성당 입구에서 성수를 찍거나
문을 열고 닫거나
화분에 물을 주는 것과 같은
저의 조그만 행위를 통해서도
당신은 끊임없이 찬미받으소서

식사하거나 이야기하거나
그릇을 닦거나 걸레를 빠는 것과 같은
일상의 행위를 통해서도
당신을 변함없이 사랑하게 하소서

주님
제가 좀 더 침묵하지 못하였기에
십자가 앞에서 침묵을 배우는 사순절이 되면
많은 말로 저지른 저의 잘못이
산처럼 큰 부끄러움으로 앞을 가립니다

매일 잠깐씩이라도 성체 앞에 꿇어앉아
말이 있기 전의 침묵을 묵상하게 하소서
제가 다는 헤아리지 못하는
당신의 고통과 수난
죽음보다 강한 그 극진한 사랑법을
침묵하는 성체 앞에서
침묵으로 알아듣게 하소서

십자가 앞에서 기도를 익히는 사순절이 되면

잔뜩 숙제가 밀려 있는 어린이처럼
제 마음도 조금씩 바빠집니다
성서와 성인전을 머리맡에 두고
거룩함에 대한 열망을 새롭히는 계절

제가 기도하겠다고 약속했던
가까운 이웃들의 얼굴이 떠오르고
세상 곳곳에서 기도를 필요로 하는
수많은 이웃들의 모습이 떠오릅니다

한 번도 제대로 기도를 못한 것 같은
절망적인 느낌 속에서도 주님
기도를 포기하지 않을 수 있는
믿음과 인내를 주소서
제 안에 사제로 살아 계신 당신이
저와 함께 기도해 주심을 믿겠습니다

그리하여 주님
제가 먼 광야로 떠나지 않고서도
매일의 삶 속에 당신과 하나 되는
즐거운 사순절이 되게 하소서

사순절
이젠 다시 사랑으로

아직은 빈손을 쳐들고 있는
3월의 나무들을 보면
누가 시키지 않아도
경건한 기도를 바치며
내가 나를 타이르고 싶습니다

죄도 없이 십자나무에 못 박힌
그리스도의 모습을 기억하며
가슴 한켠에
슬픔의 가시가 박히는 계절
너무 죄가 많아 부끄러운 나를
매운 바람 속에 맡기고
모든 것을 향해
화해와 용서를 청하고 싶은
은총의 사순절입니다

호두껍질처럼 단단한 집 속에
자신을 숨겼던 죄인이지만
회심하기엔 너무 늦었다고
슬퍼하지 않으렵니다
다시 시작하기엔 너무 늦었다고

말하지 않으렵니다

우리 모두 나무처럼 고요히 서서
많은 말을 줄이고
주님의 목소리에
귀 기울이게 해 주십시오
나무처럼 깊숙이
믿음의 땅에 뿌리를 박고
세상을 끌어안되
속된 것을 멀리하는
맑은 지혜를 지니게 하십시오

매일의 삶 속에 일어나는
자신의 근심과 아픔은 잊어버리고
숨은 그림 찾듯이
이웃의 근심과 아픔을 찾아내어
도움의 손길을 펴는
넓은 사랑을 지니게 해 주십시오

현란한 불꽃과 같은
죄의 유혹에서 도망치지 못하고

그럭저럭 살아온 날들,
기도를 게을리하고도 정당화하며
보고, 듣고, 말하는 것에서
절제가 부족했던 시간들,
이웃에게 쉽게 화를 내며
참을성 없이 행동했던
지난날의 잘못에서
마음을 돌이키지도 않고
주님을 만나려고 했습니다

진정한 뉘우침도 없이
적당히 새날을 맞으려고 했던
나쁜 버릇을 용서하십시오

이젠 다시 사랑으로
회심할 때입니다

절망에서 희망으로
교만에서 겸손으로
불목에서 화해로
증오에서 용서로

새로운 길을 가야 하지만
주님의 도우심 없이는
항상 멀기만 한 길입니다

이젠 다시 사랑으로
마음을 넓히며
사랑의 길을 걷게 해 주십시오

오직 사랑 때문에
피 흘리신 예수와 함께
오늘을 마지막인 듯이 깨어 사는
봉헌의 기쁨으로
부활을 향한 사랑의 길을
끝까지 피 흘리며 가게 해 주십시오

아직은 꽃이 피지 않은
3월의 나무들을 보면
누가 시키지 않아도 기도하며
보랏빛 참회의 편지를 쓰고 싶습니다

성금요일

성금요일의 기도

오늘은 가장 깊고 낮은 목소리로
당신을 부르게 해 주소서

더 많은 이들을 위해
당신을 떠나보내야 했던
마리아의 비통한 가슴에 꽂힌
한 자루의 어둠으로 흐느끼게 하소서

배신의 죄를 슬피 울던
베드로의 절절한 통곡처럼
나도 당신 앞에
겸허한 어둠으로 엎드리게 하소서

죽음의 쓴잔을 마셔
죽음보다 강해진 사랑의 주인이여
당신을 닮지 않고는
내가 감히 사랑한다고 뽐내지 말게 하소서

당신을 사랑했기에
더 깊이 절망했던 이들과 함께
오늘은 돌무덤에 갇힌

한 점 칙칙한 어둠이게 하소서
빛이신 당신과 함께 잠들어
당신과 함께 깨어날
한 점 눈부신 어둠이게 하소서

성금요일

오늘도 십자가 앞에 서면

기쁠 때에도 슬플 때에도
성당의 십자가 앞에 서면
예기치 않은 기쁨과 평화가
피어오릅니다

말을 하면 향기가 달아날까 봐
안으로 밖으로 고요히 침묵하면
오늘도 십자가 앞에서
사랑을 배웁니다

날마다 이마에 가슴에 십자를 긋고
십자 목걸이와 십자 반지를
지니고 있으면서도
정작은 잊고 살았던 십자가의 의미

슬픔의 가시가 박힌 삶의 무게를
두려워 않고 받아안을 수 있는
용기가 생깁니다

십자가에 숨어 있는
놀라운 빛의 기도

사랑의 승리로
날마다 새롭게 살아갈 힘을 얻습니다

그 누구를 위로하고 싶을 때
그 누구로부터 위로받고 싶을 때
성당의 십자가 앞에 서면
죽음의 눈물도 부활의 웃음으로 바뀌는
기적 같은 은총이여

죽음을 뛰어넘는 사랑의 어리석음을
몸으로 가르친 예수 그분이 계시기에
절망 속에서도 빛나는 삶의 희망이여

성토요일
부활 소곡

1
사제가 어둠 속에
예수의 이름으로
예수를 밝히는 밤

나의 어둠은
당신의 빛으로 밝아지고
나의 목마름은
당신의 생수로 축여지고
나의 죽음은
당신의 생명으로 부활하리라

너와 나의 흰 초에
불을 붙이며
타지 않는 혼에 불을 놓으며
다시 태어나리라

나는 어둠이어도
당신이 빛이어서
나를 밝히는 빛의 노래
"그리스도의 광명" Lumen Christi

2
봄이 누운 산허리에
부활의 기쁨이
진달래로 피는 새벽

당신을 모신 내 마음은
생명의 향기에 취해
먼 데서도 이웃을 부르는
천리향꽃의 기도

해마다
내가 죽지 못한 부끄러움에
얼굴을 못 드는 부활절 아침

나는 죄인이어도
당신이 사랑이어서
또다시 나를 살게 하는
찬미의 힘찬 노래
거듭나게 하는 노래

알렐루야 알렐루야

부활절

부활절의 기도

당신께 받은 사랑을
사랑으로 돌려 드리지 못한
저의 어리석음조차
사랑으로 덮어 주신 당신 앞에

한 생애를 굽이쳐 흐르는
눈물의 강은
당신께 드리는 저의 기도입니다

깊고 적막한 마음의 동굴 속에
수없이 얼어붙은 절망의 고드름들을
희망의 칼로 깨뜨리며
일어서는 부활절 아침

오늘은 흰옷 입은 천사처럼 저도
뉘우침의 눈물로 표백된
새 옷을 차려입고
부활하신 당신을 맞게 하소서

막달라 마리아처럼 뜨거운 사랑과
아름다운 향유도 지니지 못한

미련한 저이오나
온 우주에 구원의 꽃을 피우신
당신을 기리기 위해
가장 날랜 기쁨의 발걸음으로
달려가게 하소서

시몬 베드로의 겸손한 마음으로
저도 당신께 다가서서
가슴에 출렁이는 물소리를 들으며
이렇게 고백하고 싶나이다
"아시는 바와 같이
저는 주님을 사랑합니다"

그러나 저의 사랑은 아직도
떠다니는 구름처럼
방황할 때가 적지 않음을 용서하소서

새로운 마음으로
새로워진 세상은
참으로 아름다운 것임을
알게 하여 주신 주님

오늘은 천상의 종소리를 들으며
다시 한 번 기억하게 하소서

참회의 눈물로 사랑을 고백하여
새로워진 날들은 죽음을 이긴 날
언제나 눈부신 환희의
부활 축제라는 것을

부활절

어서 빛으로 일어나

주님
일어나십시오
돌무덤에 갇혀 있던
어둠을 밀어내고
어서 빛으로 일어나
우리에게 오십시오

죽음의 깊은 잠을
떨치고 일어나신
당신의 기침 소리에
온 우주는 춤추기 시작하고
우리는 비로소
나태의 깊은 잠에서 깨어납니다

죽음보다 강한
사랑의 힘으로
온 인류를 일으켜 세우신 그리스도여

죄를 뉘우쳐
눈이 맑아진 기쁨으로
오늘은

부활하신 당신의
흰옷자락을 붙들고
산을 넘고 싶습니다

절망의 벼랑 끝에서도
끝내는 아름답게 피워 올린
자목련빛 사랑을
드리고 싶습니다

감추어 둔 향기를
아낌없이 쏟아 내는
4월의 꽃나무들처럼
기쁨을 쏟아 내며
우리는 모두
부활하신 당신을 닮고 싶습니다
날마다 새롭게
생명의 수액을 뿜어 올리는
생명나무이고 싶습니다

어서 빛으로 일어나
우리에게 오십시오

부활절

부활절의 기쁨으로

당신이 안 계신 빈 무덤 앞에서
죽음 같은 절망과 슬픔으로
가슴이 미어지던 저에게
다시 살아오신 주님

이젠 저도
당신과 함께 다시 살게 된
기쁨을 감사드립니다

시들지 않는 이 기쁨을
날마다 새롭게 가꾸겠습니다
혼자서만 지니지 않고
더 많은 이들과 나누겠습니다

빈 무덤에 갇혀 있던
오래된 그리움을 꺼내
꽃다발로 엮어 들고
당신을 뵈오러 뛰어가겠습니다

이토록 설레는 반가움으로
당신을 향해 달려가는 저에게서

지난날의 불안과 두려움의 돌덩이는
멀리 치워 주십시오

죽음의 어둠을 넘어서
빛으로 살아오신 주님
산도 언덕도 나무도 풀포기도
당신을 반기며
알렐루야를 외치는 이날

다시 살아오신 당신께
살아 있는 저를 다시 바치오니
사랑으로 받아 주소서
기쁨의 향유를 온 세상에 부으며
저도 큰 소리로
알렐루야 알렐루야를 외치오리니 …

부활절

기쁨으로 불을 놓게 하소서

당신이 아니 계신 절망의 시간은
참으로 길었습니다
뉘우쳐도 끝없는 죄의 어둠 속에
저희의 눈물은 바다가 되었습니다

바람과 먼지 속에
시간도 죽어 있던
빈 무덤을 지키며
당신을 기다려 온 저희에게
흰옷 입고 오시는 그리움의 승리자
기쁨의 절정, 예수여

십자가의 길을
끝까지 따르지 못한 죄책감을
찔레 가시처럼 품고 사는 이들의 슬픔도
용서하고 위로해 주십니까

믿음을 잃어 불안하고
사랑을 잃어 허무한
마음의 병을 앓는 사람들도
더욱 가까이 불러 주십니까

스스로 만든 절망의 무덤 속에
꼼짝 못하고 누워 있는
당신의 백성들을 일으켜 세워 주십시오

이기심으로 기쁨을 잃어버린 저희에게
다시 기뻐하는 법을 가르쳐 주시고
자주 헛된 것에 정신이 팔리는 저희에게
진리를 가르치는 스승으로
이제 저희를 떠나지 말아 주십시오

하늘과 땅과 사람들이
가장 큰 기쁨으로 손잡는 오늘
부활하신 당신 안에
새롭게 태어나는 저희의 이름 또한
새로운 기쁨입니다
이 기쁨을 성실히 키워
온 누리에 불을 놓게 하소서

고통의 세월 속에 잘 익은 사랑이
향유로 넘쳐흐르는 옥합을 들고

오늘은 한마음으로
당신 앞에 서 있는 우리
먼 길 오신 당신의 거룩한 발에 엎디어
겸허히 입맞춤하고 싶습니다

엄청난 감사의 기쁨을 주체하지 못해
세상과 이웃을 향하여
큰 소리로 웃고 싶은 오늘
새 천년의 문을 열고
설레며 불러 보는 당신의 이름은
희망으로 이어지는 기쁨입니다
이 불멸의 기쁨으로 세상 끝까지
꺼지지 않는 불을 놓게 하소서

이제는 다시 살아야겠다고
부활의 종소리에 맞추어 춤을 추는
새봄의 노래 생명의 노래
알렐루야 알렐루야

사랑으로 죽어서
사랑으로 살아오신 님이여

찬미 영광 받으소서
이제와 영원히
당신을 사랑합니다

부활절

이제 당신이 오시어

세상은 무겁고 죽음은 어둡고 슬픔은 깊었습니다.
절망의 벼랑 끝에 눈물 흘리던 시간 위엔
고통의 상처가 덧나 어쩔 줄을 몰랐습니다.
이제 당신이 오시어 우리를 부르십니까.
두렵고 황홀한 번개처럼 오시어
우주를 흔들어 깨우십니까.
차가운 돌무덤에 갇혔던 당신이 따듯하게 살아오시어
세상은 잃었던 웃음을 찾았습니다.
사람들은 기뻐서 하늘이 되었습니다.
우리가 서로를 사랑하는 순간들이
부활의 흰 꽃으로 피어나게 하소서.
날마다 조금씩 아파하는 인내의 순간들이
부활의 흰 새로 날아오르게 하소서.
예수께서 직접 봄이 되고 빛이 되어 승리하신 이 아침
아아, 이젠 다시 살아야겠다고
풀물이 든 새 옷을 차려입는 처음의 희망이여, 떨림이여 …

성모 성월

어머니 당신의 5월이 오면

어머니 당신의 5월이 오면
먼 데까지 날아가는 라일락 향기처럼
신령한 기쁨을 가슴에 꽃피우며
나자렛 성가정을 찾아가겠습니다

하느님 아버지의 놀라운 섭리와
성령의 놀라운 이끄심 안에
구세주 예수를 낳아 주신 우리의 어머니
가나의 혼인잔치에서처럼
"그가 시키는 대로 하여라"
오늘도 조용히 말씀하시는 어머니

예수가 가르치신 "사랑의 길"에서
믿음과 순종이 부족했던
우리의 지난날을 용서하소서
당신이 잃은 아들을 찾아 헤매셨듯이
우리 탓으로 잃어버린 예수의 모습을
우리도 애타게 찾아 얻게 하소서
성체성사의 신비 안에서
그와 다시 결합하는
생명의 기쁨을 누리게 하소서

우리가 서로를 사랑하는 시간은
언제나 거룩한 시간
성체 안의 예수와 하나 되는 시간임을 기억하게 하소서

어머니 당신의 5월이 오면
당신을 향한 찬미와 감사의 인사를 챙기기 전에
많은 부탁부터 드리게 되는 무례함을 용서하십시오

몹시 슬프고 답답할 때면
어머니의 이름을 부르는 것만으로도
은혜로운 기도입니다
우리를 돌보시는 어머니가 계시기에
근심 중에도 세상은 아름답지만
사랑의 결핍으로 집을 잃어버린 이들이
너무도 많은 이 시대에
우리 모두 뜨거운 신뢰의 벽돌로
사랑과 평화의 집을 짓게 하소서

그 튼튼한 울타리 안에
모든 이를 형제로 불러 모으게 하소서

우리가 서로를 사랑하는 공간은
언제나 거룩한 공간
그것이 곧 교회이며 가정을 이루는 시작임을
기억하게 하소서

그리고 어머니
남북으로 갈라져서
아직도 한가족이 되지 못한
상처투성이의 우리나라도
하루속히 평화 안에
제자리를 찾을 수 있도록
끊임없이 전구하여 주소서

살육과 폭력과 전쟁이
다시는 이 땅을
할퀴고 지나가는 일이 없게 하여 주소서

어머니 당신의 5월이 오면
먼 데까지 날아가는 아카시아 향기처럼
정결한 기쁨을 가슴에 꽃피우며
우리의 이웃을 만나러 가겠습니다

친척 언니 엘리사벳에게 봉사하러
바쁜 걸음 모으시던 당신을 기억하며
봉사와 겸손의 아름다운 집을 짓겠습니다

성모 성월
오늘은 꽃과 불 속에

마리아님
당신을 어머니로 부르는
우리 마음에도
5월의 신록처럼 싱그러운
희망의 잎새들이 돋아나게 하소서

오늘은 당신께
꽃과 불을 드립니다
우리의 생명
우리의 사랑
우리 자신을 드리듯이
꽃과 불을 드립니다

우리가 당신께 꽃을 드릴 제
꽃 속에 담긴 소망들을 헤아리소서
오늘을 살아가는 이들의
보이지 않는 눈물과 한숨 또한
받아 주소서

우리가 당신께
촛불을 드릴 제

불 속에 태우는 모든 이야기들
세상에선 참으로 어찌할 수 없는
우리의 고뇌와 절망 또한 받아 주소서

마리아님
지금 당신의 예수는 어디 계신지
우리의 예수는 어디에서
우리를 부르고 계신지도 알려 주소서

밤하늘에 흩어진 별들처럼
우리는 모두 제가 사는 자리에서
예수를 찾아 빛나는 별들이게 하소서
당신처럼 그를 사랑하는
겸손한 갈망을 일깨우시어
우리의 삶이 사랑으로 변화되게 하소서

기도할 줄 모르는 가난한 기도자도
당신을 어머니라 부르오니 마리아님
5월엔 당신의 그 이름이
부를수록 새로운 노래입니다

묵주를 들고 두 손 모으는 이들의
순한 눈빛 속에
한 줄기 미풍처럼 스쳐 가는
영원에의 그리움을 보소서

마리아님
오늘은 꽃과 불 속에
당신을 부르는 우리 마음이 그대로
꽃과 같은 찬미의 기도이게 하소서
불과 같은 참회의 기도이게 하소서

성모 성월

성모님께 바치는 시

성모님
해마다 맞는 5월은
당신의 오심으로 언제나 새롭고
더욱 눈부신 빛으로
바람에 쏟아지는 아카시아 향기
우리네 축복받은 목숨이
신록의 환희로 눈뜨이는 때입니다

거리에 서성이는
외롭고 병들고 가난한 마음들이
어머니의 집으로 돌아오는 계절
당신의 하늘빛 이름을
가슴 깊이 새기며
5월의 수목처럼
오늘은 우리가 이렇게
당신 앞에 서 있습니다

어떠한 말로도 그릴 수 없는
우리들 영혼의 강기슭에
손 흔들고 계신 어머니
우리는 모두가 당신께로 가야 할

길 잃은 철새입니다

고향으로 향하는
이 세상 나그네 길
우리가 서로에게 얼마나 고맙고
얼마나 소중한 이웃인가를
뜨거운 숨결로 확인하는 오늘
침묵 속에 떠오르는
신앙의 별빛을 발견하게 해 주십시오

사랑한다 하면서도
아직 다는 사랑하지 못한 마음
바친다고 하면서도
아직 다는 바치지 못한
우리의 마음들을 드리고자 합니다

이승에 사는 우리들이
영원을 넘겨보게
문을 열어 주시는 분
하느님을 뵙기 위해 꼭 디뎌야 할
마리아여 당신은

우리의 징검다리 아니십니까

고통을 소리 내어 말하지 않고
눈물을 안으로 감추며
숨어 계신 어머니
당신의 순명과 겸허한 사랑이
예수를 낳았습니다
우리를 구했습니다
당신은 지금도 끊임없이
사랑하는 그 아들을
우리에게 건네주고 계십니다

시끄럽고 복잡한
시장터 같은 일상사에
잃었던 자신들을 찾기 위하여
조용히 사무치는 말씀의
목소리를 듣기 위하여
우리가 좀 더 고독할 줄 알게 해 주십시오

이 세상 누구도 고칠 수 없는
영혼의 몸살을 앓고 있는 우리

슬픔을 이겨 낸 뒤
더욱 아름답고 지고하던
당신의 그 모습을 기리고자 합니다

바람에 서걱이는 작은 풀잎들처럼
정답게 모여 와 당신을 부릅니다
이 밤을 펄럭이는 주홍의 촛불처럼
우리가 사랑 속에 흔들리고 있습니다

흐르고 또 흐르는 세월의 강물에
모든 것이 허망히 떠내려가도
오직 하나 변치 않을 하늘의 진리
아무도 뺏을 수 없는
은총의 진리를 잃지 아니하고
언제나 당신 앞에 돌아오게 하소서
결별해야 할 것을 미련 없이 떠나보낸
후련한 쓰라림도 감사하게 하소서

예수의 상처로 나음받은 우리가
당신께 드릴 말씀은
사랑한다는 것

우리는 오늘 밤 모든 죄를 씻고
실컷 울어도 좋을
어머니의 분신들
새로이 태어난 별들이고 싶습니다

우리의 믿음이
당신 사랑 속에 승천하는 오늘
어머니
받아 주십시오
한국 교회를
그리고 우리를
미쁨의 선물로 받아 주십시오

성모 성월
5월의 시

풀잎은 풀잎대로 바람은 바람대로
초록의 서정시를 쓰는 5월

하늘이 잘 보이는 숲으로 가서
어머니의 이름을 부르게 하십시오

피곤하고 산문적인 일상의 짐을 벗고
당신의 샘가에서 눈을 씻게 하십시오

물오른 수목처럼 싱싱한 사랑을
우리네 가슴속에 퍼 올리게 하십시오

말을 아낀 지혜 속에 접어 둔 기도가
한 송이 장미로 피어나는 5월

호수에 잠긴 달처럼 고요히 앉아
불신했던 날들을 뉘우치게 하십시오

은총을 향해 깨어 있는 지고한 믿음과
어머니의 생애처럼 겸허한 기도가
우리네 가슴속에 물 흐르게 하십시오

구김살 없는 햇빛이
아낌없는 축복을 쏟아 내는 5월

어머니 우리가 빛을 보게 하십시오
욕심 때문에 잃었던 시력을 찾아
빛을 향해 눈뜨는 빛의 자녀 되게 하십시오

성모 성월

성모님께

5월엔
연초록 기도의 숲길에서
더욱 가까이
우리를 부르시는 어머니
예수님과 함께
사랑의 승리자가 되신
은혜의 성모님

매일의 삶이
우리에게 낳아 주는
기쁨과 슬픔
이 세상이
우리에게 낳아 주는
희망과 절망

이 모두를
당신이 팔에 안은 예수아기처럼
소중히 받아안아 키워서
하느님께 드리는
우리의 봉헌 예물이 되게 하소서

마음에 담긴 많은 이야기들을
성급하게 토해 버리기보다
당신처럼 곰곰이 생각하고
깊이 새겨듣는 지혜의 사람으로
오늘을 살게 하소서

가나의 혼인잔치에서
예수님께 청하여
모자라는 포도주를 많게 하신
사랑의 성모님

우리도 당신처럼
예수님께 대한 깊은 신뢰로
그분의 도움을 청해
이웃에게 도움을 주는
믿음의 사람이 되게 하소서

5월엔
항아리가 많은 기도의 집에서
더욱 가까이
우리를 부르시는 어머니

아직 비어 있는
우리네 삶의 항아리에
은총의 물을 가득 부어
우리에게 필요한 겸손과 온유
이 시대에 필요한 평화와 기쁨이
향기로운 포도주로 넘쳐 날 수 있도록
당신의 아들 그리스도께 전구하여 주소서

성모 성월

사랑은 찾아 나서는 기쁨임을

보이는 것도 들리는 것도
모두 초록빛 기도로 물이 드는 5월,
어머니를 부르는 저희 마음에도
초록의 숲이 열리고 바다가 열립니다

매일 걸어가는 삶의 길에서
마음이 어둡고 시름에 겨울 때
지친 발걸음으로 주저앉고 싶을 때
어서 들어오라고 저희를 초대하시는
"지혜의 문"이신 어머니
새 천년의 삶을 준비하며
저희는 어머니가 열어 주시는
그 문으로 들어가
살아가는 지혜를 다시 배우고 싶습니다
어떤 유혹에도 흔들림 없이
진리를 선택하고 진리를 따르는
지혜와 용기를 배우고 싶습니다

어둠을 비추는 별이 되라고
오늘도 조용히 저희를 부르시는
"바다의 별"이신 어머니

벼랑 끝으로 내몰린 위기에도
쉽게 쓰러지지 않고
캄캄한 절망 속에서도 살아남을 수 있는
믿음과 희망을 참을성 있게 키워
마침내는 한 점 별로 뜰 수 있도록
영원의 환한 빛으로 저희를 비추어 주소서

어머니가 안 계신 삶은
저희에게 사막과도 같습니다
삶에 지치고 목마른 이들에겐
맑디맑은 물 한 모금 건네주시는
"겸손의 샘"이신 어머니
울고 싶어도 울 수 없는 메마름을
답답해하는 저희를 가엾이 여기시며
가끔은 저희 대신 눈물을 흘리시는 어머니
막아 내려 해도 끝없이 솟아오르는
이기심과 욕심, 불안과 불신을
조금씩 덜어 내서 순수해진 마음에
물 흐르는 기도를 출렁이며
겸손으로 겸손으로 거듭나게 하소서

사랑은 주님의 이름으로 인사를 건네는 것
사랑은 언제라도 찾아 나서는 기쁨임을
새롭게 가르쳐 주시는 천상 어머니
엘리사벳에게 기쁜 걸음으로 달려가시듯
날마다 저희를 돕기 위해 달려오시는
길 위의 어머니
오늘의 세상과 오늘의 사람들을
먼저 찾고, 먼저 만나고, 먼저 돌보며
움직이는 사랑의 길이 될 수 있도록
저희를 재촉하소서
사랑이 낳아 준 평화를 만민에게 전하는
평화의 길이 될 수 있도록
저희를 이끌어 주소서

고통의 가시에서 향기로운 꽃을 피워 낸
"신비로운 장미"이신 어머니
저희가 지닌 크고 작은 아픔들도
장미로 피워 내는 믿음을 어머니께 청하며
오늘은 저희 모두 아름다운 장미를
기도의 꽃으로 바칩니다

하느님과 이웃을 향해
닫혀 있고 냉랭했던 저희 마음에
사랑의 뜨거운 심지를 돋우어
오늘은 당신께 촛불을 바칩니다
어머니를 닮은 사랑의 일생을 살고자
꺼짐 없이 타오르는 촛불을
약속의 기도로 봉헌합니다
가장 다정한 어머니의 이름을 부르며
저희 모두 하나 되는 아름다운 밤
어머니 덕분에 저희 또한
아름다운 사람으로 거듭나는 기쁨을
오늘은 더욱 새롭게
초록빛 마음으로 감사드립니다

성모 성월

다시 어머니를 향한 그리움으로

다시 천 년의 문을 여는 2천 년 대희년을 향한
저희의 작은 발걸음과 일상의 나날들이
더없는 은총의 선물임을 깨우치며
오늘도 저희를 굽어보시는 천상 어머니

다시 어머니를 향한 그리움으로
어머니를 불러 보는 이 초록빛 시간과 공간이
영원으로 이어지게 하소서

참으로 예기치 못한 어려움과 아픔들이
안팎으로 저희를 짓누르는
이 괴롭고 무거운 시대에도
회개하기에 굼뜬 메마름과 게으름으로
저희 스스로 가슴을 치는 답답한 이날에도

어찌하여 5월의 장미는
이토록 아름다운 향기를 뿜어내며
어찌하여 5월의 나무들은 이토록
싱그러운 푸르름을 뿜어내는지 놀랍기만 합니다

세월이 가도 시들지 않는

커다란 사랑의 나무이신 어머니
당신처럼 저희도 성령의 사랑 안에서
침묵과 겸손으로 뿌리를 내리며
자신을 잊고 다른 이를 먼저 배려하는
푸르른 사랑을 성실히 키워 가게 하소서

가장 힘들고 캄캄한 고통의 순간에도
하느님을 향한 믿음의 별을 잃지 않으셨던 어머니
당신처럼 저희도 크고 작은 시련의 어둠을 통해
주님의 뜻을 헤아리며 밝은 빛으로 나아갈 수 있는
믿음의 사람들이 되도록 이끌어 주십시오

저희가 기도하기 어려울 때
용서하고 인내하기 힘들 때
간절한 목마름으로 사막에서 서성일 때
가장 든든한 위로자로 가까이 다가와
희망의 물 한잔 건네주시는 어머니

아드님과 인류를 위한 큰 사랑으로
끝까지 십자가 곁에 머무신 어머니
작은 어려움에도 쉽게 지치고 나약한 저희이기에

때로는 성급하고 변덕스러운 저희이기에
삶과 이웃을 제대로 보듬어 안지 못하고
자주 방황하는 저희이기에

끝까지 주님 곁을 떠나지 않는 충실함과 용기를
저희는 당신으로부터 새롭게 배우렵니다

철 따라 꽃과 열매를 제때에 피워 내는
한 그루 나무처럼 저희도
제때에 사랑하고
제때에 용서하고
제때에 감사할 줄 아는
지혜의 사람들이 되게 하소서

남이 눈여겨보지 않는 하찮은 일들에서도
깊은 의미를 찾아내며
매 순간을 새롭게 봉헌하겠습니다
조그만 잘못도 크게 뉘우치며
기쁨의 샘에서 물을 긷겠습니다

당신께 바쳐진 촛불이

가슴에서 사랑으로 녹아내리고
당신께 바쳐진 꽃송이가
영혼까지 향기로 적시는 기도의 밤

온 마음으로
온 세상을 향해
사랑한다고 말하렵니다

은총 속에 더욱 넓고 깊어진 사랑으로
저희도 천상 어머니를 닮은
어머니가 되겠다고 감히 말하렵니다

다시 어머니를 향한 그리움으로
어머니를 불러 보는 이 초록빛 시간과 공간이
영원으로 이어지게 하소서
아멘

성모 성월

길 위에서의 기도 (루카 1,39-56)

늘 새롭게 떠나야 거듭나는
삶의 여정에서, 주님
저희는 오늘도 성모님과 함께
길을 가게 해 주십시오

엘리사벳에게 기쁨으로 달려가던
성모님처럼 저희도
마지못해서가 아니라
설레는 마음과 걸음으로
사랑을 기다리는 이웃을 향해
뛰어가게 해 주십시오

늘 새롭게 손님을 맞이하며
성숙해 가는 삶의 여정에서, 주님
저희도 엘리사벳처럼
환호하는 음성과 반가움으로
만나는 이들에게마다
진심 어린 사랑의 인사를
건넬 수 있게 해 주십시오

성령의 사랑 안에

이루어진 인연들을 놀라워하고
고마운 선물로 받아안을 수 있는
은총의 나날이 되게 해 주십시오

믿음의 복된 여인
마리아와 엘리사벳처럼
저희도 더욱
믿음을 키워 가겠습니다
사랑의 약속을 새롭게 하고
사랑의 실천을 새롭게 하는
행복한 사람들이 되겠습니다

오늘은 성모님과 함께
가장 겸허한 마음으로
영혼의 찬가를 부르게 해 주십시오

의심의 안개를 걷어 내고
확신에 찬 믿음으로
두려움의 먹구름을 몰아내고
신뢰에 찬 희망으로
주님을 찬미하게 해 주십시오

무딘 마음 없애고
설렘 가득한 희망으로
모진 마음 없애고
자비심 가득한 넉넉함으로
주님을 찬미하게 해 주십시오

마니피캇Magnificat을 부르는 동안
저희 가슴속엔
초록빛 별들이 쏟아집니다
천사의 웃음소리가 들려옵니다
성모님은 부드러운 손길로
저희 곁에서 촛불을 밝혀 주십니다

늘 새롭게 떠나야 거듭나는
삶의 여정에서, 주님
저희는 오늘도 성모님과 함께
길을 가게 해 주십시오
미루지 않고 사랑을
다시 시작하게 해 주십시오

성모 성월

어머니, 당신을 부르면

초록의 나무들이
기도서로 펼쳐져 있는 5월의 숲에서
어머니, 당신을 부릅니다
향기로운 장미가
노래로 피어 있는 5월의 정원에서
어머니, 당신을 부릅니다

우리 또한 푸르른 5월이 되어
어머니, 당신을 부르면
눈길엔 평화가, 마음엔 사랑이
얼굴엔 기쁨이 출렁이기 시작합니다
숨어 있던 행복이 싱그러운 웃음으로
피어나기 시작합니다

삶의 길에서 지치고 힘겨운 시련을 겪을 때
무작정 불러 보는 이름, 어머니
무엇을 결정할 수 있는 지혜가 부족할 때
애타게 불러 보는 이름, 어머니
누구를 용서할 수 없어 괴로울 때
간절히 불러 보는 이름, 어머니
아프고 슬픈 일들 감당할 수 없을 때

울면서 불러 보는 이름, 어머니

어머니가 계시기에
늘 행복한 우리들
예수님을 더 깊이 사랑하려 애쓰며
기쁘게 살겠습니다
어머니가 계시기에
늘 감사한 우리들
예수님을 더 많이 닮으려 노력하며
고맙게 살겠습니다

이 세상 모든 이를 형제로 불러 모아
다시 사랑한다고 말하게 해 주십시오
이 세상 모든 이를 가족으로 불러 모아
다시 용서한다고 말하게 해 주십시오

어머니와 함께 살아가는
지상에서의 모든 날들이
신록처럼 빛나는 사랑의 고백으로
조용히 물들게 해 주십시오

어머니신 당신께
우리 자신과 우리의 삶을
믿음과 소망과 사랑 속에 맡겨 드리는 오늘
우리의 시간은
거룩하게 타오르는 촛불이 됩니다
우리의 마음은
겸손하고 순결하게 흘러가는
강물이 됩니다

이 땅의 우리를
하늘로 만드시는 하늘 어머니
예수님을 안으신 어머니와 함께
우리는 현세를 살면서도
천국을 향합니다
존재 자체로 기도이신 어머니와 함께
우리는 사계절 내내 영원을 향한
그리움의 기도입니다

어머니, 당신을 부르면
우리 모두
움직이지 않고는 못 견디는

사랑의 천사들이 됩니다
길 위에서 꿈꾸며 날개를 다는
누군가의 따뜻하고 아름다운 위로자
어머니를 닮아 행복한
천사들이 됩니다

오늘도 다정한 기도처럼
다시 불러 보는
초록의 이름, 어머니

성모 성월

성모님께 드리는 기도

당신의 이름을 부르는 순간
우리 마음에도 5월의 풀물이 듭니다
당신의 이름을 부르는 순간
감사와 찬미의 노래를 담은
작은 시냇물이 흐릅니다

온전한 믿음으로
우리의 구원이 되신 분
온전한 겸손으로
우리의 길이 되신 분
온전한 사랑으로
우리의 집이 되신 분

어머니, 당신을 생각하면
하느님께서 우리에게 이루신 일이
더욱 크고 눈부신 아름다움으로 살아와
몸 둘 바를 모릅니다
어머니, 당신을 생각하면
우리의 숨은 죄와 잘못
약점과 실수들이
더 큰 부끄러움으로 살아와

몸 둘 바를 모릅니다

존재 자체로
사랑의 놀라움이며
하느님의 두려움이며
텅 빈 충만이신 어머니
우리가 날마다 어떻게 주님을 만나야 할지
날마다 어떻게 이웃을 만나야 할지
어머니의 서늘한 지혜로 가르쳐 주십시오
전쟁과 분열이 끊이지 않는 세상에서
평화를 잃어버린 우리가 어떻게 다시 평화를 이루어 내야 할지
어머니의 음성으로 일러 주십시오

선과 진리를 향한 발걸음이 흔들리고
때로는 자포자기하며 어둠 속에 빠져드는
우리를 가엾이 여겨 주십시오
우리의 힘으로 감당할 수 없는
삶의 아픔과 고통 속에 눈물 흘리면서도
오직 그리스도의 모습만 바라보는
신앙의 눈길을 지니게 하여 주십시오

어머니를 닮고 싶은 사람들이
어머니를 향한 그리움의 향기 모아
오늘은 꽃을 바칩니다
참회의 눈물과 감사의 기쁨을 모아
오늘은 촛불을 바칩니다

말로는 다 할 수 없는 우리의 그리움이
5월의 미풍 속에 노래로 스치는 오늘 밤
자주 교만으로 넘어지는 우리를
겸손으로 붙들어 주시는 어머니께
새롭게 청합니다

이제 우리도 어머니와 함께
모든 것 위에 하느님을 섬기는
꽃보다 아름다운 기도이게 하소서
이제 우리도 어머니와 함께
세상의 모든 사람을 사랑하는
촛불보다 뜨거운 기도이게 하소서
아멘

예수 성심
예수님 마음

마음이 온유하고 겸손하신 예수님
6월엔 예수님을
더 많이 생각한다

어려서는 나처럼 엄마 품에 안기시고
어른이 되어서는
어린이를 품에 안고 축복하시며
하늘나라 얘기를 들려주시던
참 부드럽고 따뜻한 예수님 마음

6월엔 예수님을
더 많이 사랑한다
불쌍한 사람 아픈 사람
두루 찾아다니시며
정성껏 위로하고 보살펴 주신
참 넓고 깊은 예수님 마음

죄인을 용서하실 때는
어진 아버지 같으셨고
열심히 설교하실 때는
선생님 같으셨고

들에 핀 꽃들을 바라보실 땐
시인 같으셨을 예수님 마음

십자가에 못 박히실 땐
큰 소리로 아버지를 부르시며
괴로움과 아픔에 무너지시고
창에 찔리신 예수님 마음

죽음 후에 다시 부활하시어
승리의 큰 기쁨 세상에 가져오신
참 놀랍고 새로운 예수님 마음

내 작은 마음이
그 크신 마음을
어떻게 다 헤아릴 수 있을까
하지만 예수님을
더 많이 알고 싶다
더 많이 닮고 싶다
예수님 마음처럼
빨간 장미가 핏빛으로 타는 6월

6월엔 예수님을
더 많이 사랑한다

예수 성심
성심이신 예수님께

겸손과 온유의
성심이신 예수님

당신은 항상
저에게
마음을 달라고 하셨지요?

사랑의 가시에
깊이 찔리신
당신 마음에
깊이 들어간
저의 기도는
오직 사랑 때문에
피 흘려도 좋은
한 송이 장미로 피어납니다

초록의 황홀함에
취해 있던 6월의 숲에서
어느 순간
제 이름을 부르는
당신의 음성을 들었습니다

저는 죄가 많지만
갈림 없는 첫마음을
순결한 첫사랑으로
당신께 봉헌하는 오늘

당신이 쏟아부은
사랑이 넘쳐
제 마음은
온통 초록빛 바다
이 바다가 너무 아름다워
어쩔 줄을 모르겠습니다

성모 승천
저희도 오르게 하소서

하늘에 올림받으신 어머니
순교자의 붉은 피 스며 있는 이 땅에서
8월의 푸른 하늘 우러러 불러 보는
어머니의 그 이름은 사랑입니다
늘 저희를 앞질러 사랑하시는 어머니께
저희도 사랑으로 봉헌합니다
뜨겁게 사랑할 수밖에 없는 우리나라
우리 겨레, 우리 교회, 우리 이웃,
우리 자신들을 살아 있는 기도로 봉헌합니다

분열과 전쟁이 끊이지 않는 오늘
선보다 악이 꽃을 피워 괴로운 오늘
많은 사람들이 믿음의 중심을 잃고
끝없이 방황하는 오늘의 세상에서
어떻게 기도해야 할지 할 말을 잃은 저희에게
영적인 지혜를 밝혀 주시고
타는 목마름을 적셔 주소서
마음이 답답하고 쓸쓸할 때
간절한 그리움으로 불러 보는
어머니의 그 이름은 평화입니다

거룩한 새 천년의 하늘을 향해
저희도 어머니와 함께 오르게 하소서
절망에서 희망으로
미움에서 사랑으로 오르게 하소서
불신에서 믿음으로
교만에서 겸손으로 오르게 하소서
눈먼 욕심과 죄의 어둠을
순수의 불꽃으로 사르고
날마다 새롭게 변화되면서
지상에서도 이미 하늘나라를 사는
영원한 기쁨을 누리게 하소서
오늘도 회개의 맑은 눈물 흘리라고
목마른 예수께 물 한잔 드리라고
조용히 저희를 부르시는
어머니의 그 이름은 푸른 하늘입니다

성모 승천
울게 하소서 어머니

하늘에 오르신 성모님
당신의 기쁨은
눈물에 씻겨 더욱 영롱한 빛이었음을
기억하게 해 주소서

어머니신 당신 앞에서조차
울 줄 모르는 아이가 되는 것이
참으로 두렵습니다

내 때 묻은 영혼을
눈물로 세탁할 정성이 없었음을
지금은 울게 하여 주소서

울 수 있는 것도 은혜임을
전에는 몰랐습니다
어머니

자신의 죄를 울 수 없는 자
남을 위해서도 울 수 없음을
깊이 알지 못했습니다

잘못이 잘못인 줄도 몰랐던
지난날을 뉘우치며
지금은 당신 앞에
후련한 울음을 쏟아 내게 하소서

사랑할수록 깊어지는
눈물의 샘터에서
나를 씻게 하소서

절망의 늪으로 침몰했던
죄 많은 날들도
믿음으로 새 옷 입고
부활하게 하소서

마음 놓고 노래할 수도 없는
이 메마른 시대

당신을 부르는 것만으로도
위안이 됩니다
어머니

아무도 엿보지 않은
내 고통의 밀실에서 타고 있는 기도가
오늘은 당신과 함께
승천하는 기쁨을 누리게 하소서

성모 승천
어머니 우리가 당신을 부르면

어머니 우리가 당신을 부르면
땅 위에서도 천상의 종소리를 듣습니다

무섭게 폭우를 쏟아붓던 하늘에
기적처럼 태양이 떠오르면
근심과 우울로 습기 찼던
우리 마음의 방에도 빛이 스며듭니다

물난리에 휩쓸려 목숨을 잃은 이들과
집과 가족을 잃어버린 이웃의 아픔을
어떻게 나누어야 좋을지 모르는
우리의 무력함에 눈물 흘릴 때
어느새 곁에 와서 함께 우신 어머니

슬픔이 깊어지면 말은 숨어 버리고
눈물만이 절절한 기도인 것을
우리는 오래전부터
당신께 배웠습니다

오늘은 우리 겨레의 해방절이며
하늘에 올림받으신 당신의 축일

목숨 바쳐 나라를 사랑한 이들의
피와 눈물로 새로이 탄생한 자유를
소중한 선물로 받아안고
우리가 태어난 산과 강과 들에
엎드려 입 맞춥니다
103위 순교 성인들과 수많은 무명無名의 순교자들이
피 흘려 신앙을 증거한
이 축복받은 생명의 땅에서
세례의 흰옷 입은 우리네 가슴마다
승리의 기를 달고 만세를 부릅니다

어서 오십시오 어머니
고통과 인내와 기다림의 강이었던
당신의 한 생애처럼
굽이치는 시련의 물살을 딛고 일어선
우리 역사의 한가운데로 오시어
늘 함께 계셔 주십시오

영원을 향해 흘러가는
우리네 삶의 바다 한가운데

희망으로 우뚝 솟은 푸른 섬이 되십시오

당신이 지금껏 그리하신 것처럼
우리 가정과 교회, 나라와 세계를
크신 사랑으로 보호해 주시고
아물지 않는 모든 상처를
어머니의 손길로 어루만져 주십시오

우리에게 예수를 낳아 주시고
끝내는 우리를 그분께 데려가실
믿음과 겸손과 구원의 어머니
하나뿐인 태양이 만인의 가슴에
은총의 빛을 뿜어내는
8월의 하늘을 보며
우리는 하나뿐인 당신의 아들 예수를
우리의 태양으로 받아안고
뜨거운 사랑을 고백합니다

장마철의 곰팡이처럼
여기저기 얼룩져 있는 우리의 죄를
깨끗이 속죄하여 닦아 낼 틈도 없이

늘 필요한 기도부터 드리는
자녀들의 무례함을 용서해 주십시오

어머니 우리가 당신을 부르면
멀리 있던 하늘이 더 가까이 옵니다

자유와 정의와 평화를 갈망하는
우리 모두의 염원처럼
하얀 구름 떼들이 떠다니는 하늘 위로
당신을 기리며 승천하는 기도의 합창

"티 없이 깨끗하신 마리아여 찬미받으소서"
"평화의 모후여 우리를 위하여 빌으소서"

순교자

오직 사랑 때문에

번번이 결심을 하면서도
세속적 욕망을 떨쳐 버리지 못하는
비열한 마음
죄를 짓고도
절절히 뉘우칠 줄 모르는 무딘 마음
믿음의 불꽃이 활활 타오르지 못하는
냉랭한 마음

우리의 이러한 마음들을
불쌍히 여기소서

이미 오래전부터
우리 안에 피 흘리며
울고 계신 님들이여

어서 산이 되어 일어나
말씀하소서
고통의 높은 산을 넘어
끝내는 목숨 바칠 수 있는 믿음만이
믿음이라고

어서 굽이치는 강이 되어
소리치소서
고통의 깊은 강을 건너
끝내는 죽을 수 있는 사랑만이
사랑이라고

남들이 가지 않으려는
가파른 생명의 길
고독한 진리의 길을
그리스도와 함께 끝까지 걸어
그리스도와 함께
승리하신 님들이여

이제 우리도
가게 하소서

어제의 환상이 아닌
오늘의 아픔의 무게
꽃처럼 고운 꿈이 아닌
피투성이의 십자가를 지고
우리도 님들을 따라가게 하소서

오직 사랑 때문에
죽음을 두려워 않는
용기와 지혜를 주소서

우리 마음의 어둠을 밝히시려
날마다 흰옷 입고 부활하는
미쁘신 님들이여
산천이 울리도록
우리를 부르소서
그리운 님들 안에
하나 되게 하소서

순교자

피 묻은 님들이여

보이지 않아도
나날이 미더웁고 나날이 친숙해 온
피 묻은 님들이여

목숨을 걸고 사랑한 죄로
칼을 받아야 했던 피 묻은 얼굴들이
태양이 되어
아직도 그 빛 안에
우리가 살고 있음이여

어둠과 비애의 폭풍이 잦아
갈수록 슬퍼진 땅에
살기 위해 죽어서
우리도 묻혀야 할 이 그리운 땅에
지금은 얼굴을 묻고
귀 먹고 눈도 멀어
열리지 않는 가슴을
통곡하다 지쳐 버린 후예일지라도
남겨 주신 그 신앙
생명의 피로 아픔을 씻고
또다시 희망 속에 웃고 싶음이여

피 묻은 님들이 있어
더욱 확연히 트인 하나의 길로
영원히 살고 싶음이여

순교자
김대건 신부님께 1

당신이 태어나신 모국의 산천이
오늘은 당신을 부르며 더욱 정답습니다

당신이 칼을 받고 숨지신 뒤 백 년이 지났건만
당신의 피 묻은 이름은 새롭기만 합니다

"그리스도의 이름을 위하여 결박을 당한 저는
또한 그리스도의 은총을 굳게 믿고 있습니다"

감옥에 갇혀서도
마음은 사랑으로 열려 있던 당신

당신이 남기고 간 편지들을 읽으면
당신은 우리에게 오신
또 하나의 예수였음을 믿게 됩니다
말로만 아니라
온몸으로 복음을 살다 간 사제였음을
확실히 보게 됩니다

이백 살이 가까운 한 그루 느티나무
한국 교회가 오늘은 잎이 무성한 팔을 들어

우리의 님이 되신 당신을 기립니다
당신이 세상에 계실 제
끝없는 풍랑으로 시달리던 여정만큼이나
우리의 갈 길이 어려워질 때
우리를 보호하소서

교회와 이웃을 당신처럼 전심으로 사랑하며
당신처럼 마음이 트인 하느님의 사람이 되게
전구하여 주소서

당신을 산 제물로 바치신 이 땅에서
우리도 부끄럼 없는 순교자의 후예 되리라
7월의 태양 아래 뜨겁게 다짐하며
우리의 님이 되신 당신을 기립니다

순교자

김대건 신부님께 2

하느님과 교회와 이웃을
전심으로 사랑하다
길 없는 길 위에서
칼을 받고 숨져 간 님
믿음의 겨레에게 처음으로
길을 열어 주신 이여

낯선 항구도시 상해를 지나
출렁이는 그리움으로
문 열고 들어선 외딴 성당에서
내 마음의 닫혔던 빗장을 열고
문이 되어 서 계신 님이여
100년이 지났어도 힘차게 살아오는
그 푸른 음성에 목메어
오늘은 흐르는 눈물만이 기도입니다

한국인 첫 사제로 희망의 닻을 올리신
님의 제단 앞에 우리도 함께 꿇어
사랑의 서원을 새롭히며 출항하는
작은 목선이 되어 봅니다

순교자의 땅에 살면서도
순교자의 고뇌를 잊어버리고
순교 정신을 삶 속에 뿌리내리지 못한
우리의 잘못을 용서 청하며
님이 건네주시는 오늘의 편지를
다시 읽습니다

"믿음으로 솟아오르는 산이 되십시오
사랑으로 흐르는 강이 되십시오
겸손으로 부서지는 흙이 되십시오
그리하여 하나뿐인 모국을
가장 아름답게 하십시오"

순교자

무명無名의 순교자 앞에

오래전에
흙 속에 묻힌
당신의 눈물은
이제 내게 와서
살아 있는 꽃이 됩니다

당신이 바라보던
강산과 하늘을
나도 바라보며 서 있는 땅
당신이 믿고 바라고
사랑하던 님을
나도 믿고 바라고 사랑하며
민들레가 되고 싶은 이 땅에서
나도 당신처럼 남몰래
죽어 가는 법을
잊혀지는 법을
배워야 하겠습니다

박해의 칼 아래
피 흘리며 부서진
당신의 큰 사랑과 고통이

내 안에 서서히 가시로 박혀
나의 삶은 아플 때가 많습니다
당신을 닮지 못한 부끄러움에
끝없는 몸살을 앓습니다

당신을 통해
님을 더욱 알았고
영원의 한 끝을 만졌으나
아직도 자주 흔들리는 나를
조용히 붙들어 주십시오

얼굴도 이름도 모르는
거룩한 순교자여
오래전에
흙 속에 묻힌 당신의 침묵은
이제 내게 와서
살아 있는 말이 됩니다

순교자

새롭게 불러 보는 당신 이름은
— 최양업 신부님께

"… 우리는 이 모든 쓰라림을
하느님을 위해 참습니다
우리의 희망이시며 우리의 원의이시니
우리는 그분 안에서 살고 죽습니다 …"
라고 눈물로 고백하신 신부님

신발이 해지고 육신이 해지도록
밤낮없이 산과 산을 넘어
그리스도의 복음을 전하시다가
마침내는 그대로 산이 되어
우리를 지켜 주시는 분
길이신 그리스도를 따라
길 위에서 사시다가
길에서 세상을 떠나신
한국 교회의 두 번째 신부님

스물세 살에 서품을 받으시고
마흔 살에 이승을 하직하실 때까지
당신의 17년은 바다에서 표류하는
한 척의 배와도 같았습니다

"만일 제가 당신 분노의 원인이라면
저를 바닷속에 던져 주시고
당신 종들의 참상을 불쌍히 여기소서"
라고 겸손한 열정으로 탄원하신 신부님
당신의 탄생 178주년을 맞아
새롭게 불러 보는 당신 이름은
미지근한 우리 마음에
뜨거운 불꽃으로 타오릅니다

어린 시절부터
깊은 믿음에 뿌리를 박고
완덕에 대한 갈망을
한순간도 놓치지 않은
거룩한 사제이신 당신 앞에서

작은 바람만 불어도
이내 믿음이 흔들리는
우리의 모습을 부끄러워합니다

단숨에 목을 베는 칼날보다
더 길고 오랜 고통의 칼을

한결같은 인내로 받아안아
숨은 순교자로 묻히신 당신이야말로
대대로 빛나는 별이며 성인이심을
이제 저희는 확실히 압니다

삶은 끝까지 견디는 믿음임을
사랑은 죽음보다 강한 힘임을
당신의 삶을 통해 알아들으며
당신을 사무치게 그리워합니다
진리에 대한 목마름으로
깨어 살고 싶은 영적 갈망을
우리도 새롭게 지녀 봅니다

"모든 사람들이 저에게서 떠나고
작은 방에 외톨이로 남아 있습니다만
하느님과 홀로 있기가 소원입니다"
하신 당신의 목소리를 들으며
바쁜 가운데도 평온할 수 있는
내적 고요를 배웁니다

박해의 시련 중에서도

희망의 돛을 달아 띄운
당신의 편지들은 수백 년이 지나도
빛바래지 않은 생명의 언어로 살아
오늘도 우리를 회심의 길로 재촉합니다

삶은 충실히 땅 위에 두고
마음은 하늘을 향해 있던 당신처럼
우리도 그리스도께 희망을 두는
그리스도의 사람들이 되게 해 주십시오
당신처럼 주님과 교회와 이웃들을 위해
목숨 바치는 이들이 되도록 도와주시고
늘 푸른 산으로 곁에 계셔 주십시오

묵주 기도 성월

묵주의 기도

산내음 나는
향나무 묵주 하나의
지극한 보배로움이여

평일에도 묵주를 쥐고
당신 앞에 오면
난蘭처럼 향기로운 마음이여

흩어졌던 생각이 한자리에 모이고
외출했던 사색도 돌아와 앉아
나의 기도는 둥글게
장미를 피움이여

"은총이 가득하신 마리아님"을
소박한 마음으로 외울 때마다
예수를 낳은 마리아의 환희를
예수를 잃은 마리아의 고뇌를
그리고 부활의 예수를 얻은
마리아의 승리를 함께함이여

성체등 깜박이는 성당에서

촛불이 타오르는 방 안에서
산책을 하는 길가에서
묵주를 든 손은
언제나 겸허하고 따뜻한
믿는 이의 손

예수와 마리아가 결합하듯
나도 그들과 하나 되는 은총이여
가까운 이웃과 함께
모르는 이웃과도 하나 되고
산 이들과 함께
죽은 이도 하나 되는 신비여

베들레헴의 길을
갈바리아의 길을
엠마오의 길을 마리아와 함께
앉아서도 걸어가는
가장 아름다운 나의 기도
우리의 기도

오늘도 주머니에 넣고 만지작거리는

단단한 묵주 하나의
빛나는 보배로움이여

위령 성월

가신 이에게

갈꽃 같은 얼굴로
바람 속에 있었습니다

춥고 어두운 땅 밑에 누워
하얗게 사위어 가는 당신이
지금은 울 수도
웃을 수도 없는 당신이

살아 있는 이들보다
더 깊고 맑은
영혼의 말을 건네주십니다

당신의 말은 나비가 되어
나의 하늘에서 춤을 추고
그것은 또 꽃이 되어
내 마음밭에 피고
하나의 별이 되어
어둔 밤을 밝힙니다

시시로 버림받고
시시로 잊혀지는

당신의 목쉰 소리는

이승과 저승을 잇는
바람 같은 기도가 되어

내가 믿지 않은
사랑하지 않은
잃어버린 시간들을
울게 하고 있습니다

스산한 바람이 눈물을 뿌려
꽃도 피지 않은
당신 무덤가에 오면

살아서도 조금씩
내가 죽어 가는 소리를
듣고 있습니다

당신이 누운 어둠의 골짜기
강 건너 저편엔
순간마다 촛불 켜는

누군가의 큰 손이
새벽종을 치는 이의
흰옷자락이 너울대고 있습니다

위령 성월
그대 차가운 손을

해가 지는 언덕에서
온몸에 바람 휘감고
당신을 생각합니다

아직은 낯설어도
언젠가 몸째로
나를 안을 그대
때가 되면 다정히
날 데려가 주어요

그대 차가운 두 손을 내밀어도
아무 말 없이 떠날 수 있게
얼마쯤의 시간을 허락해 주어요

그대 등에 업히어
흰 강을 건널 땐
무슨 노래를 불러야 할지

그 나라의 향연에선
무슨 옷을 입어야 할지
밤마다 설레며 생각합니다

위령 성월

순례자의 기도

저무는 11월에
한 장 낙엽이 바람에 업혀 가듯
그렇게 조용히 떠나가게 하소서

그 이름 사랑이신 주님
사랑하는 이에게도 더러는 잊혀지는 시간을
서러워하지 않는 마음을 주소서

길에서 만난 이들은
모두가 손님일 뿐
아무도 내 최후의 행방을 묻는 주인 될 수 없음을
알아듣게 하소서

그 이름 빛이신 주님
한 점 흰 구름 하늘에 실려 가듯
그렇게 조용히
당신을 향해 흘러가게 하소서

죽은 이를 땅에 묻고 와서도
노래할 수 있는 계절

차가운 두 손으로
촛불을 켜게 하소서
해 저문 가을 들녘에
말없이 누워 있는 볏단처럼
죽어서야 다시 사는
영원의 의미를 깨우치게 하소서

위령 성월
11월에

나뭇잎에 지는 세월
고향은 가까이 있고
나의 모습 더없이
초라함을 깨달았네

푸른 계절 보내고
돌아와 묵도하는
생각의 나무여

영혼의 책갈피에
소중히 끼운 잎새

하나하나 연륜 헤며
슬픔의 눈부심을 긍정하는 오후

햇빛에 실리어 오는
행복의 물방울 튕기며
어디론지 떠나고 싶다

조용히 겨울을 넘겨보는
11월의 나무 위에

연처럼 걸려 있는
남은 이야기 하나

지금 아닌
머언 훗날

넓은 하늘가에
너울대는
나비가 될 수 있을까

별밭에 꽃밭에
나뭇잎 지는 세월

나의 원은 너무 커서
차라리 갈대처럼
여위어 간다

위령 성월
하관

삶의 의무를
다 끝낸
겸허한 마침표 하나가
네모난 상자에 누워
천천히
땅 밑으로 내려가네

이승에서 못다 한 이야기
못다 한 사랑
대신 하라 이르며
영원히 눈감은
우리 가운데의 한 사람

흙을 뿌리며
꽃을 던지며
울음을 삼키는
남은 이들 곁에
바람은 침묵하고
새들은 조용하네

더 깊이, 더 낮게

홀로 내려가야 하는
고독한 작별 인사

흙빛의 차디찬 침묵 사이로
언뜻 스쳐 가는
우리 모두의 죽음

한평생 기도하며 살았기에
눈물도 성수처럼 맑을 수 있던
노수녀의 마지막 미소가
우리 가슴속에
하얀 구름으로 뜨네

위령 성월

마지막 기도

이제
남은 것은
아무것도 없다

두고 갈 것도 없고
가져갈 것도 없는
가벼운 충만함이여

헛되고 헛된 욕심이
나를 다시 휘감기 전
어서 떠날 준비를 해야지

땅 밑으로 흐르는
한 방울의 물이기보다
하늘에 숨어 사는
한 송이의 흰 구름이고 싶은
마지막 소망도 접어 두리

숨이 멎어 가는
마지막 고통 속에서도

눈을 감으면
희미한 빛 속에 길이 열리고

등불을 든 나의 사랑은
흰옷을 입고 마중 나오리라

어떻게 웃을까
고통 속에서도 설레는
나의 마지막 기도를
그이는 들으실까

위령 성월

죽음을 잊고 살다가

매일 조금씩
죽음을 향해 가면서도
죽음을 잊고 살다가

누군가의 임종 소식에 접하면
그를 깊이 알지 못해도
가슴속엔 오래도록
찬바람이 분다

"더 깊이 고독하여라"
"더 깊이 아파하여라"
"더 깊이 혼자가 되어라"

두렵고도
고마운 말 내게 전하며
서서히 떠날 채비를 하라 이르며

가을도 아닌데
가슴속엔 오래도록
찬바람이 분다

위령 성월

마지막 손님이 올 때

올해도 많은 이들이
저희 곁을 떠났습니다, 주님
눈물의 샘이 마를 겨를도 없이
저희는 또 바쁜 일상으로 돌아왔지만
떠난 이들의 쓸쓸한 기침 소리가
미루어 둔 기도를 재촉하곤 합니다

어느 날 문득
예고 없이 찾아올 마지막 손님인 죽음을
어떻게 맞이해야 할지
아직 살아 있는 저희는
두렵고 떨리는 마음으로 헤아려 볼 뿐입니다
그 낯선 얼굴의 마지막 손님을
진정 웃으면서 맞이할 수 있을까요?
삶을 아름답게 마무리하기가
상상보다는 어렵더라는
어느 임종자의 고백을 다시 기억하며
저희 모두 지상에서의 남은 날들을
겸허하고 성실한 기도로 채워 가게 하소서

하루에 꼭 한 번은

자신의 죽음을 준비하는 마음으로
화해와 용서를 먼저 청하는
사랑의 사람으로 깨어 있게 하소서
지금 이 순간이 마지막인 듯이
생각하고 말하고 행동하는
지혜의 사람으로 거듭나게 하소서
당신의 은총 없이는
죽음맞이를 잘할 수 없는
나약하고 어리석은 저희
믿음 또한 깊지 못해
깊은 회개를 미루는 저희입니다

이미 세상을 떠난 이들의 죽음을
언젠가는 맞이할 저희 자신의 죽음을
오늘도 함께 봉헌하며 비옵니다
삶과 죽음을 통해서
빛과 평화의 나라로
저희를 부르시는 생명의 주님
당신을 향한 날마다의 그리움이
마침내는 영원으로 이어지는
부활의 기쁨으로 열매 맺게 하소서

위령 성월

어떤 죽은 이의 말

안녕?
나는 지금 무덤 속에서
그대를 기억합니다

이리도 긴 잠을 자니
편하긴 하지만
땅속의 차가운 어둠이
종종 외롭네요

아직 하고 싶은 일도 많고
보고 싶은 이들도 많은데
이리 빨리 떠나오게 될 줄 몰랐지요
나의 떠남을 슬퍼하는 이들의
통곡 소리가 아직도 귀에 선해요

서둘러 오느라고
인사도 제대로 못해 미안합니다
꼭 한 번만 살 수 있는 세상

내가 다시 돌아갈 순 없지만
돌아간다면 더 멋지게 살 거라고

믿는 것도 나의 착각일 겁니다

내 하고 싶은 많은 말들
다 못하고 떠나왔으나
그래도 이 말만은 꼭 하고 싶어요

삶의 정원을
순간마다 충실히 가꾸라는 것
다른 사람의 말을 잘 새겨듣고
웬만한 일은 다 용서할 수 있는
넓은 사랑을 키워 가라는 것

활활 타오르는 뜨거움은 아니라도 좋아요
그저 물과 같이 담백하고 은근한 우정을
세상에 사는 동안 잘 가꾸려 애쓰다 보면
어느새 큰 사랑이 된다는 것
오늘도 잊지 마세요. 그럼 다음에 또 …

PART 4 소명의 기도

새롭게 사랑하는
기쁨으로

봉사

새롭게 사랑하는 기쁨으로
— 자원봉사자 모임에서

우리는 늘 배웁니다
세상에는 우리가 찾아내서 할 일들이
생각보다 많이 숨어 있음을
물방울처럼 작은 힘도 함께 모이면
깊고 큰 사랑의 바다를 이룰 수 있음을
오늘도 새롭게 배웁니다

우리는 늘 돕습니다
필요한 곳이면 어디든지 달려가는
어버이 마음, 친구의 마음, 연인의 마음으로
성실한 책임과 친절한 미소를 다해
하찮은 일도 보석으로 빛내는 도우미로
자신을 아름답게 갈고닦으렵니다

우리는 늘 고마워합니다
사랑으로 끌어안아야 할 우리나라, 우리 겨레
우리 가족, 우리 이웃이 곁에 있음을
가끔 잘못하고 실수하는 일이 있더라도
다시 시작할 수 있는 희망과 용기가
우리를 재촉하고 있음을 고마워합니다

우리는 늘 기뻐합니다
서로 참고, 이해하고, 신뢰하는 마음에만
활짝 열리는 사랑과 우정의 열매로
아름다운 변화가 일어나는 축복을
서로가 서로에게 선물이 되는 은혜를
함께 기뻐합니다

우리는 늘 기도합니다
봉사라는 이름으로 오히려 사랑을 거스르고
다른 이에게 상처를 주는 걸림돌이 아니라
겸손한 디딤돌이 될 수 있기를 기도합니다
사랑에 대해서 말만 많이 하는 이론가가 아니라
묵묵히 행동이 앞서는 사랑의 실천가가 되도록
깨어 기도합니다

우리는 늘 행복합니다
혼자가 아니라 함께 걷는 이 길에서
메마름을 적시는 자비의 마음
어둠을 밝히는 사랑의 손길이
더 많이 더 정성스럽게
빛을 밝히는 세상에 살고 있어 행복합니다

그래서 힘겨운 일들 우리에게 덮쳐 와도
세상은 아직 아름답다고 노래하렵니다
이웃은 사랑스럽고, 우리도 소중하다고
겸허한 하늘빛 마음으로 노래하렵니다

모두 한마음으로 축복해 주십시오
새롭게 사랑하는 기쁨으로
새롭게 선택한 사랑의 길을 끝까지 달려가
하얀 빛, 하얀 소금 되고 싶은 여기 우리들을 …

소명

어느 교사의 기도

이름을 부르면 한 그루 나무로 걸어오고
사랑해 주면 한 송이 꽃으로 피어나는
나의 학생들이 있어 행복합니다
그들과 함께 생각하고 꿈을 꾸고
희망을 이야기할 수 있어 감사합니다

힘든 일 있어도 내가 처음으로 교단에 섰을 때의
떨리는 두려움 설레는 첫 마음을 기억하며
겸손한 자세로 극복하게 해 주십시오

가르치는 일은 더 성실한 배움의 시작임을 기억하며
최선을 다하는 열정을 지니고 싶습니다

그 누구도 내치지 않고 차별하지 않으며
포근히 감싸 안을 수 있는 너그러운 마음
항상 약한 이부터 먼저 배려하는
따뜻한 마음을 지니고 싶습니다

학생들의 말을 귀담아듣고
그들의 필요를 민감히 파악하여
도움을 주는 현명한 교사가 되게 해 주십시오

아무리 화나는 일이 있어도
충동적인 언행으로 상처를 주지 않으며
자신의 감정을 절제할 수 있는
인내의 덕을 키우도록 도와주십시오
학생들의 잘못을 따끔히 나무라고 충고할 줄 알되
더 많이 용서할 수 있는 용기를 주십시오

항상 미소를 잃지 않는 얼굴
지식과 지혜를 조화시켜
인품이 향기로운 교사가 될 수 있도록
노력하고 또 노력하는 오늘을 살게 해 주십시오

기도하고 인내하는 사랑의 세월 속에 축복받은 나의 노력이
날마다 새로운 꽃으로 피어나는 기쁨을
맛보게 해 주십시오

어느 날 그 꽃자리에
가장 눈부신 보람의 열매 하나
열리는 행복을 기다리며
오늘도 묵묵히 최선을 다하는
아름다운 교사가 되게 해 주십시오

소명
의사의 기도

생명의 주님
오늘 하루도
저의 환자들을
잘 돌볼 수 있게
도와주십시오

환자와 보호자가 묻는 말에
그들이 기대하는
완전한 대답을 못하더라도
제가 할 수 있는 최선을 다해서
조금 더 친절하게
조금 더 따뜻하게 대할 수 있는
지혜와 인내와 용기를 주십시오

의사의 하루도
때로는 힘들고 피곤하다는 걸
다른 이들은 자주 잊어버립니다
그들은 저에게 슈퍼맨을 기대합니다
실은 저의 탓도 아닌데
상태가 나빠지면 따지려 들고
죽은 사람 살려 내라 떼를 쓰면

매우 슬프고 당황스럽습니다

그래도 저는
치유의 손길로
생명을 살리는 일에
헌신하고 있고
많은 이를 살려 낸 기쁨도 있으니
감사해야겠지요

아무나 갈 수 없는
의사의 길을
날마다 새롭게
떠나려 하오니
축복하여 주십시오
당신 친히
사랑 가득한 치유의 손길로
저를 통해 환자들에게
새 힘을 주시고
치유해 주시기를
겸허히 두 손 모아
기도드립니다

소명

간병인의 기도

주님
제가 돌보는 환자의 모습에서
당신을 볼 수 있게 하소서

그의 아픔을 저의 아픔으로 여기는
따스한 사랑과
그가 필요한 것을 부탁하기 전에
먼저 헤아려 도울 수 있는
민첩한 지혜를 주소서

때로 환자가 화를 내고
짜증을 내서 저를 힘들게 하더라도
인내할 수 있는 넓은 마음
연민의 마음을 지닌 위로자가 되게 하소서

환자가 하는 이야기를
끝까지 잘 들어주고
어떤 경우에도 함부로 말하지 않도록
도와주소서

의사와 환자 사이에

어떤 오해나 불협화음이 생기지 않도록
중간 역할을 잘할 수 있는
분별력을 주소서

자나 깨나 앉으나 서나
늘 기도를 멈추지 않는
치유의 협력자가 될 수 있도록
도움의 은총 베풀어 주옵소서
저는 천사가 아니어도 좋으니
주님, 부디 저를 통하여 환자가
조금만 더 편하게 웃을 수 있고
더 나아가 당신을
전보다 많이 사랑하게 된다면
더 이상 바랄 것이 없겠습니다

소명

환자의 기도

주님
제가 아프기 전에는
당신을 소홀히 하다가
이렇게 환자가 되어서야
열심히 당신을 부르는 제 모습이
비겁하고 부끄럽고 염치없어
숨고 싶을 때가 많습니다

그래도 용서해 주시리라 믿고
더 열심히 당신을 부릅니다
오직 당신께 매달릴 수밖에 없는
저의 나약하고 부서진 모습을 가엾이 여겨 주십시오

전에는 느끼지 못했던
두려움, 불안, 고독이
밤낮으로 저를 휘감을 때면
저 자신이 낯설고
세상과 가족과 이웃도 낯설고
그래서 힘이 듭니다

하루가 시작되는 아침이 오면

또 하루를 어찌 견디나 힘겨워하고
하루를 마감하는 밤이 되면
잠을 설치며 또 다음 날 걱정하는
어리석은 저에게
다시 감사할 수 있는 용기를 주시고
다시 기뻐할 수 있는 지혜를 주시고
다시 기도할 수 있는 믿음을 주시고
저 자신을 받아들이는 인내를 주십시오

저를 담당하는 의사와 간호사들을
단순한 마음으로 신뢰하고
저를 돌보아 주는 보호자인 가족과 간병인들에게
고마워하는 마음 잃지 않게 해 주십시오
그래서 제가 아프기 전보다
더 겸손하게 사랑을 넓혀 가는
성숙한 사람으로 거듭날 수 있도록 도와주십시오

가족

가족을 생각하면

가족이 그립고
집이 그리운 계절입니다
집이 있어도 가족은 없는 쓸쓸함
가까운 사람들이 만든 외로움의 추위를
사랑으로 녹여야 할 계절입니다
놀러 오라 초대해 놓고도
막상 전화하면
집에 없는 사람들이 많아 슬퍼요
무에 그리 바쁜지 어디로 나갔는지
대답 좀 해 보실래요
함께 웃고 함께 밥 먹는 기쁨으로
평범하지만 가장 아름다운
삶의 주인공이 되세요
눈 내리는 12월엔
손님이 머물 빈 방도 하나 준비하며
행복한 가족으로 다시 태어나세요

가족

우리 집

우리 집이라는 말에선
따뜻한 불빛이 새어 나온다
"우리 집에 놀러 오세요!"라는 말은
음악처럼 즐겁다

멀리 밖에 나와
우리 집을 바라보면
잠시 낯설다가
오래 그리운 마음

가족들과 함께한 웃음과 눈물
서로 못마땅해서 언성을 높이던
부끄러운 순간까지 그리워
눈물 글썽이는 마음
그래서 집은 고향이 되나 보다

헤어지고 싶다가도
헤어지고 나면
금방 보고 싶은 사람들
주고받은 상처를
서로 다시 위로하며

그래, 그래 고개 끄덕이다
따뜻한 눈길로 하나 되는 사람들

이런 사람들이
언제라도 문을 열어 반기는
우리 집 우리 집

우리 집이라는 말에선
늘 장작 타는 냄새가 난다
고마움 가득한
송진 향기가 난다

가족

매일 보는 식구들인데

우리 집 대문이
멀리 보이는
골목길에 들어서면
빨라지는 발걸음에
내 마음이 앞서 뛴다

"이제 왔니?"
반갑게 맞아 주실 어머니와
웃음꽃 가득 피울
언니 오빠 동생이
오늘따라
너무 보고 싶어
금방 눈물이 날 것 같다

참 이상도 하지
매일매일 만나는
우리 집 식구들인데
매일매일 새롭게
보고 싶다니

가족

가족들에게 꽃을 드립니다
— 가정의 달 5월에

　존재 자체로 우리의 버팀목이 되어 주는 분. 가족들을 먹여 살리느라 밤낮으로 일터에서 노심초사하는 이 땅의 모든 아버지들께 오늘은 노란 해바라기 꽃을 드립니다. 남몰래 고민하며 한숨 쉬던 삶의 무게도 잠시 내려놓고 해바라기처럼 해를 바라보셔요. 둥근 마음으로 하늘을 보셔요. 아버지는 우리가 바라보는 지상의 멋진 해님입니다. 많은 말보다는 소리 없는 침묵으로 사랑을 이야기하는 아버지의 그 숨은 노고를 사랑합니다.

　존재 자체로 우리의 고향이 되어 주는 분. 가족들을 보살피느라 밤낮을 깨어 사는 이 땅의 모든 어머니들께 오늘은 고운 장미 한 다발 바칩니다. 아픈 가시조차 향기 속에 숨기는 장미는 곧 어머니의 꽃입니다. 항상 자신보다는 가족들을 먼저 챙기며 희생하고 헌신하는 어머니의 사랑은 우리가 바라보는 지상의 천사이며 달님입니다. 잠시라도 안 보이면 금방 시무룩해지는 우리의 '영원한 우상'이며 '애인'인 어머니를 5월의 신록처럼 싱그럽고 푸르른 마음으로 사랑합니다.

　이름만 불러도 금방 평화가 느껴지고 위안이 되는 이 땅의 언니와 누나들에게 오늘은 분홍 안개꽃 한 다발 드립니다. 조롱조롱 이야기가 많고 아기자기 정겨운 그대들. 동생들을 사랑하며 엄마 아빠 대신해서 살림도 살 줄 알고 부모님 대신 잔소리도 곧잘 하는 한 가정의 비서이며 심부름꾼들인 언니와 누나들 있어 우리의 삶이 한결 부드럽고 풍요로움을 감사합니다.

　곁에 있으면 든든하고 무슨 일이라도 해결해 줄 것 같아 의지가 되는 이 땅의 오빠와 형들에게 오늘은 하얀 백합 한 다발 드립니다. 백합처럼 순결하고 정의로운 나팔을 곳곳에 불어 주세요. 어려운 일 생기면 부모보다 앞서 걱정하고, 현실적인 해결책을 모색하며 희망과 용기를 잃지 않는 성실한 오빠와 형들이 있어 우리의 삶이 한결 따뜻하고 너그러워질 수 있음을 감사합니다.

　철없이 어리광 부리고 때로는 말썽도 피우지만 모든 가족들의 사랑을 독차지하는 이 땅의 모든 어린 동생들과 손자 손녀들에게 오늘은 진분홍빛 패랭이꽃 한 다발 전합니다. 눈에 넣어도 아프지 않은 사랑이 무엇인지를 존재 자체로 드러내며 사랑을 많이 받아 사랑도 할 줄 아는 사랑스런 그대들 있어 우리의 삶이 더욱 재미있고 아름다울 수 있음을 고마워합니다.

　아들딸을 위하고 손자 손녀들을 끔찍이 아끼시는 이 땅의 모든 할머니 할아버지들께 오늘은 보랏빛 등꽃을 드립니다. 길게 늘어지는 겸손한 등꽃 타래처럼 무조건적인 사랑을 실천하며, 날마다 기도의 꽃등을 밝히는 할머니, 할아버지의 푸근한 정이 있어 우리의 삶이 지치지 않고 쉬어 갈 수 있음을 새롭게 감사합니다.

조카들을 챙기고 위해 주는 이 땅의 이모, 고모, 숙모, 삼촌들에게 오늘은 향기가 아름다운 라일락을 드립니다. 우리의 엄마 아빠들과 얼굴도 비슷하고 성격도 많이 닮아 서로 자주 못 만나고 멀리 있어도 늘 정답게 느껴지는 분들. 먼 데까지 향기를 전하는 라일락처럼 고운 정 날려 주며 집안의 대소사에 함께하는 이모, 고모, 숙모, 삼촌들 있어 우리의 삶이 외롭지 않음을 고마워합니다.

용서

용서하십시오 1

제가 태어난 나라의
정든 산천과 하늘을 바라보며
마음이 맑고도 쓸쓸해지는
늦가을과 초겨울 사이
들녘의 볏단처럼 잘 익은
감사의 기도를 바치기 전에 주님
오늘은 서투르게나마
그동안 미루어 둔 용서의 기도를
제 자신의 기도로 드려야 하겠습니다
알면서도 감추고 싶고
되도록이면 말하고 싶지 않던
수많은 잘못들 중 다만 몇 가지라도
꼭 고백해야 하겠습니다

용서하십시오 주님
모든 것 위에
당신을 섬긴다고 하면서도
자주 "딴 곳"에 가서 헤매는 제 마음을
기도의 시간조차
온전히 봉헌하지 못하고
자디잔 근심들에 매여 사는 습관을

자유롭길 원하면서도 다 비우지 못하고
늘 조금씩 남겨 두는 욕심을
용서하십시오
좀 더 넓고 큰 세계로 나가지 못하고
이기적인 뜻과 개인적인 필요에
근시안적으로 집착하는 저를
용서하십시오

용서하십시오 주님
당신의 은총 속에
기쁨의 선물로 받아안았던
수많은 만남의 관계들이
더러는 꽃을 피우고 열매 맺었으나
더러는 저의 게으름과 무관심
지나친 경계심과 냉정함으로
이내 시들거나 말라 버렸음을
용서하십시오
제가 오래전부터 알고 있는
몸, 마음이 약하고 지친 이들
가난하고 병든 이들에게조차
좀 더 성실한 벗이 되지 못했음을

용서하십시오
가족, 친지, 이웃의 기쁨과 슬픔을
좀 더 깊이 함께 나누지 못하고
때로는 홀로 떠 있는 섬처럼
거리를 두고 살았음을 용서하십시오
다른 이의 의견이나 충고를
겸허하게 받아들이지 못한 오만함을
편견, 미움, 비난의 말들을
거침없이 내뱉고도
늘상 "사랑만이 전부다"라고 강조했던
저의 위선과 비겁함을 용서하십시오

꼭 타야 할 기차를 놓치거나
학교에 지각을 해서 당황하는 꿈을
요즘도 자주 꾸고 사는 저는
현실 속에서도 미루어 둔 일들이
너무 많아 부끄럽습니다
시간이 있을 때조차
준비성 없이 허둥대는 저를
자신이 맡은 일을
사랑보다는 의무로 행할 때가 많은 저를

사소한 일로 좌절하고 자기 연민에
빠지는 저를 용서하십시오
안일 무사주의에 빠져
생명력과 창의력을 잃어버린
저의 진부한 일상을 용서하십시오

오늘도 마음을 열기만 하면
어진 눈빛의 가을 하늘로
낮은 데까지 내려오시는 주님
오랫동안 용서를 청하지 않아
뻣뻣하게 무디어진 제 마음이
이제 당신과 이웃으로부터 받은
사랑과 용서의 은혜만으로도
거듭날 수 있게 하소서
감사를 잃어버리고 살아
노래 또한 잃어버렸던 제 마음이
이제 다시 기쁨의 날개를 달고
찬미의 새 노래를 부르게 하소서

또 한 해가 저물기 전에
이 말씀은 꼭 드리고 싶었습니다

― 그동안의 잘못을 용서하십시오
― 베풀어 주신 사랑에 감사드립니다
―사랑이신 당신을 사랑합니다

용서

용서하십시오 2

한 해의 마지막 날인 오늘
차분히 심호흡을 하는 오늘
해 아래 살아 있는 기쁨을 감사드리며
우리 함께 무릎 꿇고 기도합니다
밤새 뉘우침의 눈물로 빚어낸 하얀 평화가
새 천년의 아침을 더욱 아름답게 해 주십시오

하늘 우러러 한 점 부끄럼 없는 삶을
원한다고 하면서도 부끄러운 행동을 많이 하고
하늘을 두려워하지 않는 오만함으로
죄를 짓고도 참회하지 않았음을 용서하십시오

나라와 겨레를 진정으로 사랑하지 않았습니다
우리에게 나라와 겨레가 있는 고마움을
소중한 축복으로 헤아리기보다는
비난과 불평과 원망으로 일관했으며
큰일이 일어나 힘들 때마다 기도하기보다는
"형편없는 나라" "형편없는 국민"이라고
습관적으로 푸념하며 스스로 비하시켰음을
용서하십시오

가족과 이웃에 대한 사랑의 의무를
사랑으로 다하지 못하고 소홀히 했습니다
바쁜 것을 핑계 삼아 가까운 이들에게도
이기적이고 무관심하게 행동했으며
시간을 내어 주는 일엔 늘 인색했습니다
깊은 대화가 필요할 때조차
겉도는 말로 지나친 적이 많았고
부정적이고 극단적인 말로 상처를 입히고도
용서 청하지 않는 무례함을 거듭했습니다
연로한 이들에 대한 존경이 부족했고
젊은이들에 대한 이해가 부족했으며
병약한 이들에 대한 연민과 배려가 부족했음을
용서하십시오

자신의 존재와 일에 대해
정성과 애정을 쏟아붓지 못했습니다
신뢰를 잃어버린 공허하고 불안한 눈빛으로
일상생활을 황폐하게 만들었으며
고집, 열등감, 우울함으로 마음의 문을 닫아
남에게 부담을 준 적이 많았습니다
맡은 일에 책임과 정성을 다하지 못하고

성급한 판단으로 일을 그르치곤 했습니다
끝까지 충실하게 깨어 있지 못한 실수로 인해
많은 이에게 피해를 주고도 사과하기보다는
비겁한 변명에만 급급했음을 용서하십시오

잘못하고도 뉘우칠 줄 모르는 이가 아니 되도록
오늘도 우리를 조용히 흔들어 주십시오
절망을 딛고 다시 일어서는 이들에게
첫눈처럼 새하얀 축복을 주십시오
이제 우리도 다시 시작하고 다시 기뻐하고 싶습니다
희망에 물든 새 옷을 겸허히 차려입고
우리 모두 새 천년의 문으로 웃으며 들어서는
희망의 사람들이 되게 해 주십시오

용서

용서를 위한 기도

그 누구를 그 무엇을
용서하고 용서받기 어려울 때마다
십자가 위의 당신을 바라봅니다

가장 사랑하는 이들로부터
이유 없는 모욕과 멸시를 받고도
피 흘리는 십자가의 침묵으로
모든 이를 용서하신 주님

용서하지 않는 사랑은 사랑이 아니라고
용서는 구원이라고
오늘도 십자가 위에서
조용히 외치시는 주님

다른 이의 잘못을 용서하지 않기엔
죄가 많은 자신임을 모르지 않으면서
진정 용서하는 일은 왜 이리 힘든지요
제가 이미 용서했다고 생각했던 사람이
아직도 미운 모습으로 마음에 남아
저를 힘들게 할 때도 있고
깨끗이 용서받았다고 믿었던 일들이

어느새 어둠의 뿌리로 칭칭 감겨 와
저를 괴롭힐 때도 있습니다
조금씩 이어지던 화해의 다리가
제 옹졸한 편견과 냉랭한 비겁함으로
끊어진 적도 많습니다

서로 용서가 안 되고 화해가 안 되면
혈관이 막힌 것 같은 답답함을 느끼면서도
늘 망설이고 미루는 저의 어리석음을
오늘도 꾸짖어 주십시오
언제나 용서에 더디어
살아서도 죽음을 체험하는 어리석음을
온유하시고 겸손하신 주님
제가 다른 이를 용서할 땐 온유한 마음을
다른 이들로부터 용서를 받을 땐
겸손한 마음을 지니게 해 주십시오

아무리 작은 잘못이라도
하루 해 지기 전에
진심으로 뉘우치고
먼저 용서를 청할 수 있는

겸손한 믿음과 용기를 주십시오

잔잔한 마음에 거센 풍랑이 일고
때로는 감당 못할 부끄러움에
눈물을 많이 흘리게 될지라도
끝까지 용서하고 용서받으며
사랑을 넓혀 가는 삶의 길로
저를 이끌어 주십시오, 주님

너무 엄청나서 차라리 피하고 싶던
당신의 그 사랑을 조금씩 닮고자
저도 이제 가파른 비탈길을 오르렵니다
피 흘리는 십자가의 사랑으로
모든 이를 끌어안은 당신과 함께
끝까지 용서함으로써만 가능한
희망의 길을 끝까지 가렵니다

오늘도 십자가 위에서 묵묵히
용서와 화해의 삶으로 저를 재촉하시며
가시에 찔리시는 주님
용서하고 용서받은 평화를

이웃과 나누라고 오늘도 저를 재촉하시는
자비로우신 주님

용서

용서의 기쁨

산다는 것은
날마다 새롭게 용서하는 용기
용서받는 겸손이라고
일기에 썼습니다

마음에 평화가 없는 것은
용서가 없기 때문이라고
기쁨이 없는 것은 사랑이 없기 때문이라고
나직이 고백합니다

예수님도 말씀하시네요
일곱 번씩 일흔 번이라도 용서하라고
마음에 드는 사람뿐 아니라
원수까지 사랑하는 법을 배우라고
이렇게 노력하다 보면
하늘문 가까이 이를 수 있겠지요

수백 번 입으로 외우는 기도보다
한 번 크게 용서하는 행동이
더 힘 있는 기도일 때도 많습니다

누가 나를 무시하고 오해해도
용서할 수 있기를
누가 나를 속이고 모욕해도
용서할 수 있기를
간절히 청하며 무릎을 꿇습니다

세상에서 가장 큰 기쁨은
용서하는 기쁨
용서받는 기쁨입니다

용서

용서의 꽃

당신을 용서한다고 말하면서
사실은 용서하지 않은
나 자신을 용서하기
힘든 날이 있습니다

무어라고 변명조차 할 수 없는
나의 부끄러움을 대신해
오늘은 당신께
고운 꽃을 보내고 싶습니다

그토록 모진 말로
나를 아프게 한 당신을
미워하는 동안

내 마음의 잿빛 하늘엔
평화의 구름 한 점 뜨지 않아
몹시 괴로웠습니다

이젠 당신보다
나 자신을 위해서라도
당신을 용서하지 않을 수가 없습니다

나는 참 이기적이지요?

나를 바로 보게 도와준
당신에게 고맙다는 말을
아직은 용기 없어
이렇게 꽃다발로 대신하는
내 마음을 받아 주십시오

용서

용서하기

용서해야만 평화를 얻고
행복이 오는 걸 알고 있지만
이 일이 어려워 헤매는 날들입니다
지난 일 년 동안
무관심으로 일관한 시간들
무감동으로 대했던 만남들
무자비했던 언어들
무절제했던 욕심들
하나하나 돌아보며
용서를 청합니다
진정 용서받고 용서해야만
서로가 웃게 되는 삶의 길에서
나도 이제 당신을 용서하겠습니다
따지지 않고 남겨 두지 않고
일단 용서부터 하는 법을
산타에게 배우는 산타가 되겠습니다

용서

용서 일기

생각만으로
용서하는 건
용서가 아닙니다
실천하고 또 실천해야
용서 근방에 있는 거예요

몇 시간은 며칠이 되고
몇 달은 몇 년이 되고
평생으로 갈 수도 있으니

힘들어도 용서는
빨리 할수록 좋고
다른 이의 잘못을 되새김하며
시간을 미룰수록 안 좋은 것
알면서도 잘 안 되지요?

뜻대로 되지 않아 힘이 들 적엔
하늘 보고 웃어요
간절하고 단순하게
기도를 해요

미움의 지옥
불화의 연옥
다시 만들지 말고
평화의 천국을
앞당겨 살 수 있게

오늘도
최선을 다해 보기로 해요

나눔

나눔에 대한 묵상 기도

주님
당신의 생애는 그렇게도 철저한
나눔의 생애로 부서졌건만
우리의 날들은 어찌 이리
소유를 위해서만 숨이 차게 바쁜지
시시로 당신 앞에 성찰하게 하소서

진정 당신 안에서가 아니면
나눔의 참뜻을 알지 못하는 우리
당신이 세상에서 모범을 보이신 대로
아낌없이 모든 것 내어 주고도
한끝의 후회가 없는
너그럽고 순수한 마음을 주소서

나눔은 언제나 자신을 주는 행위입니다
나의 생각, 나의 말, 나의 미소
나의 기쁨, 나의 재능, 나의 지식
그리고 나의 물건과 그 밖의 모든 것을 나누는 것이
바로 내 생명의 일부를 주는
경건한 행위임을 잊지 않게 하소서

나의 정성과 나의 노력과
나의 시간과 나의 마음을
더 많이 바칠수록
남에게 더욱 빛나는 선물이 됨을
항시 기억하게 하소서

나눔은 언제나 겸손의 행위입니다
당신과 이웃에게 나를 주려 할 때엔
잘난 체하는 마음 없애시고
오히려 자신을 낮추고 비우는
겸허하고 진실된 마음을 주소서

나눔은 숨어서도 만족하는
기도의 행위입니다
자신의 선善을 과장하여 떠벌이고 다니거나
타인에게 은근히 보답을 강요하여
인사받길 좋아하는 유혹에서
우리를 지켜 주소서

나눔은 언제나 용기 있는 행위입니다
남의 비위를 맞추려 눈치를 보며

체면 따위에 얽매여 움츠러드는
비겁한 겁쟁이가 아니 되게 하소서

나눔은 끝없는 사랑의 행위입니다
주고 또 주어도 줄 것이 남는 연인들의 마음처럼
더 주지 못해서 안달을 하고
더 나누지 못해서 고민을 하는
풍요한 사랑의 마음을 우리에게 주소서

주님
우리는 오랫동안 잊고 있었습니다
참다운 나눔의 행위를 통해서만
당신과의 만남이, 영적인 성숙이
천국이 가능하다는 것을
잊고 있었습니다
당신이 주신 신앙과 은총의 선물만 가지고도
이웃과 충분히 나눌 것이 많은 부자임을
잊고 있었습니다

성체성사와 십자가와 부활의 신비로
사랑의 의미를 더욱 새롭히신 주님

당신의 생명으로 말미암은 나눔의 신비가
우리의 매일 속에 실현되게 해 주소서
나눌수록 커지는 사랑의 신비를
우리 모두 체험하고 맛들이게 하소서

아무것도 가져온 것이 없고
아무것도 가져갈 것이 없는
이승의 순례자인 우리가
이기와 탐욕의 노예가 되지 않게 하소서
우리가 갖고 있는 모든 것은
당신께 빌려 받은 것임을
항시 기억하게 하소서

벗을 위해 목숨까지 바칠 수 있는
당신의 그리스도인이 되기 위해
먼저 주어진 처지에서 인간과 사물을
깊이 사랑할 줄을 알게 하소서

나눔의 기쁨으로 말미암은 평화가
언제나 우리 안에 머무르게 하소서

나눔
선물의 집

사랑할 때 우리 마음은
바닥이 나지 않는 선물의 집
무엇을 줄까
어렵게 궁리하지 않아도
서로를 기쁘게 할 묘안이
끝없이 떠오르네
다른 이의 눈에 더러
어리석게 보여도 개의치 않고
언어로 사물로 사랑을 표현하다
마침내는 존재 자체로
선물이 되네, 서로에게

사랑할 때 우리 마음은
괴로움도 달콤한 선물의 집

이 집을 잘 지키라고
하느님은 우리에게
사랑하는 마음을
심어 준 것이겠지?

청소년

5월의 편지

해 아래 눈부신 5월의 나무들처럼
오늘도 키가 크고 마음이 크는 푸른 아이들아
이름을 부르는 순간부터
우리 마음밭에 희망의 씨를 뿌리며
환히 웃어 주는 내일의 푸른 시인들아
너희가 기쁠 때엔 우리도 기쁘고
너희가 슬플 때엔 우리도 슬프단다
너희가 꿈을 꿀 땐 우리도 꿈을 꾸고
너희가 방황할 땐 우리도 길을 잃는단다
가끔은 세상이 원망스럽고 어른들이 미울 때라도
너희는 결코 어둠 속으로 자신을 내던지지 말고
밝고, 지혜롭고, 꿋꿋하게 일어서 다오
어리지만 든든한 우리의 길잡이가 되어 다오
한 번뿐인 삶, 한 번뿐인 젊음을 열심히 뛰자
아직 조금 시간이 있는 동안
우리는 서로의 마음에 하늘빛 창을 달자
너희를 사랑하는 우리 마음에도
더 깊게, 더 푸르게 5월의 풀물이 드는 거
너희는 알고 있니? 정말 사랑해

청소년
십 대들을 위한 기도

하늘의 별, 땅의 꽃
자기의 마음속을 들여다볼
한 치의 여유도 없이
피곤하고 숨 가쁘게 살아가는
오늘의 십 대들에게
우리는 늘 미안하고 할 말이 없는
힘없는 어른들이지만
변함없는 사랑으로
가까이 다가서고 싶은 마음을
가끔은 기도 안에 접습니다

우리의 십 대들이 언제나
우울의 늪에 빠지지 말고
햇살 같은 웃음 속에 살게 해 주십시오
그들의 웃음 속에 담겨 있는
희망과 기쁨으로
우리의 삶 또한 밝아질 것을 믿습니다
그들이 미래의 꿈과 이상에
항상 설레는 시인의 가슴으로 살되
허황된 욕심이나
병적인 자기도취에 빠져

오늘의 시간을 낭비하지 않게 하십시오

날로 발전하는 전자 문화, 영상 매체
물질 문명의 혜택을 즐기며 살되
책을 멀리하지 않고
독서와 사색으로
내면의 뜰을 가꾸어 가는
지혜로운 사람들로 성숙하게 해 주십시오
생각하는 능력과 정서를 잃어버린
기계인간이 될까 우리는 두렵습니다

부모, 형제, 친구, 스승들을
진심으로 존경하고 사랑하며
감사의 표현을 할 줄 아는 십 대
자기 자신을 아끼고 사랑하되
다른 이의 필요에도
선선히 마음의 창을 열어
도움의 손길을 펴는
"작은 천사"들이 되게 해 주십시오
세상엔 참으로 많은 사람들이
불행 속에 아파하고 있음을

좀 더 자주 기억하게 해 주십시오

성급함을 다스려 나가는 인내의 힘
충동적인 감정을 제어하는 절제의 힘

지루하지만 꼭 필요한 기다림의
긴 과정과 용기 없이는
누구도 인생의 승리자가 될 수 없고
빛을 누리는 자유인이 될 수 없음을
더 늦기 전에 깨우치게 하십시오

눈에 넣어도 아프지 않을
우리의 소중한 십 대들이
어리지만 당당하고 단호한 의지
양심에 충실하여
더욱 맑고 총명한 눈빛으로
매일을 살아가게 하십시오

맡은 일에 최선을 다하는 사람
남의 평계를 대지 않고
자신의 실수를 인정하는 겸허한 사람

끈질긴 유혹에도 굴하지 않고
몸과 마음의 순결을 지키는 사람
문장에 매듭을 지어 주는 마침표처럼
인간관계의 뒤끝이 깨끗한 사람
그래서 더욱 아름답고
매력 있는 젊은이로
우리의 길잡이가 되게 해 주십시오

어른들의 나태한 적당주의, 안일한 편리주의
교만한 이기주의에 끝없이 도전하며 전진하는 십 대
내일을 위해 오늘을 충실히 사는
살아 있는 십 대, 빛나는 십 대로
새로운 도약을 준비하게 하십시오

청소년
산처럼 바다처럼

산을 좋아하는 친구야
초록의 나무들이
초록의 꿈 이야기를 솔솔 풀어 내는
산에 오를 때마다
나는 너에게 산을 주고 싶다
수많은 나무들을 키우며 묵묵한 산
한결같은 산처럼 참고 기다리는 마음을
우리 함께 새롭히자

바다를 좋아하는 친구야
밀물과 썰물이 때를 따라 움직이고
파도에 씻긴 조가비들이
사랑의 노래처럼 널려 있는
바다에 나갈 때마다
나는 너에게 바다를 주고 싶다
모든 것을 받아안고 쏟아 낼 줄 아는 바다
바다처럼 넉넉하고 지혜로운 마음을
우리 함께 배워 가자

젊음 하나만으로도
나를 기쁨에 설레게 하는

보고 싶은 친구야
선한 것, 진실한 것, 아름다운 것을
목말라하는 너를 그리며
나는 오늘도 기도한다
산의 깊은 마음과 바다의 어진 마음으로
나는 너를 사랑한다

장애인

오직 사랑만이 문이 되게 하소서
── 장애인 모임에서

꽃이 떨어진 나뭇가지마다에
풍성한 열매들을 매달아 놓고
우리를 초대하는 가을
태풍과 폭우와 죽음으로 가득했던
우울한 여름이 물러선 그 자리에
지금은 조용히 가을이 빛나고 있습니다

땀과 습기에 젖고 피곤했던
일상의 시간들을 햇볕으로 말리며
황금빛 들판을 내다보면
슬픔 중에서도 조용히 자라 온 삶의 기쁨이
벼 이삭처럼 영그는 소리를 듣습니다

우리 오늘
"함께 삶의 기쁨을" 나누기 위해
형제로 모여 온 자리
처음 만났지만 낯설지 않은
서로의 얼굴을 바라보는 마음의 자리마다
설렘의 흰 꽃들이 피어납니다

어둠과 절망의 벼랑 끝에서도

하늘을 보며 다시 시작한 믿음이 있어
더욱 환히 빛나는 얼굴들이여
오직 사랑만이 우리가 들어가야 할
하나의 문임을 확인하며
뜨겁게 마주 앉은 소중한 사람들이여

늘 함께해야 할 너와 내가
함께하지 못했던 지난 시간들을 뉘우치며
서로 용서 청하는 이 따스한 만남의 자리

무관심을 관심으로 오해를 이해로 바꾸는 자리
편견으로 닫혔던 마음을 활짝 여는 우리의 오늘을
주님은 부디 축복해 주십시오

우리가 함께 믿고 희망한다면
우리가 함께 돕고 나눈다면
꼭 이루어질 기쁨과 평화의 나라
사랑이 승리하는 이 나라에서
우리 모두 하나로 함께 살게 해 주십시오

그리하여 우리 서로

눈이 안 보이는 이에겐 밝은 눈이 되어 주고
귀가 안 들리는 이에겐 밝은 귀가 되어 주고
손과 발이 불편한 이에겐
튼튼한 손과 발이 되어 줄 수 있는
구체적인 사랑을 배우고 익혀
아무도 소외되는 일이 없게 해 주십시오

주님 당신 친히 그리하신 것처럼
오직 사랑만이 우리가 들어가는 문이 되리니
이 문으로 가기 위해
고통으로 상처받고 피 흘리더라도
결코 삶의 희망을 포기하는 일이 없도록 도와주십시오

조그만 씨앗 하나에서
커다란 열매가 태어나듯이
작게 시작하는 우리의 사랑이
언젠가 이 세상을 사랑의 큰 숲으로 덮으리니
이에 대한 믿음과 희망을
잠시도 잃지 않고 살게 해 주십시오

가장 먼저 사랑을 실천해야 할

용기 있는 그 한 사람이
멀리 있는 그 누군가가 아니고
바로 나 자신이라는 것을 거듭 깨우치게 하소서

주님 당신 앞에 우리는 모두 어떤 모양으로든지
안팎으로 크고 작은 장애를 지니고 사는 이들이오니
치유자이신 당신의 사랑 안에서
서로 더욱 아끼고 위하고자 합니다
작은 자의 자리로 겸허히 내려앉고자 합니다

우리가 서로를 소중한 형제로 확인하며
새롭게 바라보는 이 자리에 앞으로의 삶에
주님은 늘 함께 계셔 주십시오

가나의 혼인잔치에서처럼
기쁨의 포도주를 더 많이 항아리에 채우시기 위해
성모님도 우리 곁에 함께 계셔 주십시오

천상에서 찬미의 노래를 부르는
한국의 모든 순교 성인 성녀들도 오시어
우리 믿음의 심지에 불을 붙여 주십시오

"함께 삶의 기쁨을" 나누기 위해
용서와 화해로 이어진 마음의 다리 위에서
우리 서로 맑은 눈빛으로
정답게 손을 잡는 은혜로운 날

참고 기다리는 신앙의 먼 여정을
아직도 계속해야 할 우리가
감사와 찬미와 영광을 드리며 당신께 청하오니
주님 이 세상 모든 이가 하나 되기 위해
당신을 닮은 사랑의 사람으로 태어나기 위해
오직 사랑만이 우리가 들어가는
아름다운 문이 되게 해 주십시오

만남

만남의 길 위에서

세상에 살아 있는 동안
제가 아직 주님을 만나지 못했다면
다른 사람들과의 만남 또한
아름다운 축복이며 의미 있는 선물로
이어지지 못했을 것입니다

진정 당신과의 만남으로
저의 삶은 새로운 노래로 피어오르며
이웃과의 만남이 피워 내는 새로운 꽃들이
저의 정원에 가득함을 감사드립니다

만남의 길 위에서
가장 곁에 있는 저의 가족들을 사랑하고
멀리 있어도 마음으로 함께하는
벗과 친지들을 그리워하며
저의 편견과 불친절과 무관심으로
어느새 멀어져 간 이웃들을
뉘우침의 눈물 속에 기억합니다

깊게 뿌리내리는 만남이든지
가볍게 스쳐 지나가는 만남이든지

모든 만남은 제 자신을
정직하게 비추어 주는 거울이 되며
인생의 사계절을 가르쳐 주는 지혜서입니다

사람들의 서로 다른 모습들만큼이나
다양하게 열려 오는 만남의 길 위에서
사랑과 인내와 정성을 다하신 주님
나무랄 데 없는 의인뿐 아니라
가장 멸시받는 죄인들에게조차
성급한 판단과 처벌의 돌팔매질보다는
자비와 연민으로 다가가셨던 주님

당신의 그 모습을 생각하면
사랑하는 일에서도
늘 계산이 앞서고
까다롭게 따지려 드는
저의 옹졸함이 너무도 부끄럽습니다

습관적으로 남을 먼저 판단하고
늘상 이웃 사랑을 강조하면서도
실제로는 이기적인 태도로

슬픔과 상처를 이웃에게 더 많이 주었으며
용서하는 일에는 굼뜨기 그지없었음을 용서하십시오

때로는 만남에서 오는 축복보다
작은 근심과 두려움을 더 많이 헤아리며
남을 의심하는 겁쟁이임을 용서하십시오

앞으로도 멀리 가야 할 만남의 길 위에서
저의 비겁한 경계심을 무너뜨리고
당신처럼 겸허하고 자유로운
기쁨의 순례자가 되게 해 주십시오

반갑고 기쁘게 다가오는 만남뿐 아니라
성가시고 부담스런 만남까지도
사랑으로 승화시킬 수 있는
깊고 높은 지혜와 용기를 주십시오

저는 비록 완벽하지 못한 사람이지만
사람을 사랑할 줄 아는 좋은 사람으로
좋은 만남을 이루며 살고 싶습니다

많이 사랑할수록 더 맑게 흐르는
주님의 바다를 향해
저도 이웃을 더 많이 사랑하며
쉬임 없이 흘러가는
작지만 아름다운 시냇물이 되고 싶습니다

만남

초대의 말

친구여 오십시오

은총의 빛으로 닦아
더욱 윤이 나는
나의 하얀 주전자에
기도의 물을 채워 넣고
오늘은
녹차를 끓이듯이
푸른 잎의
그리움을 끓입니다

이웃과 함께 나눌
희망과 기쁨의 잎새도
한데 넣어 끓이며
나는 조용히
그대를 기다립니다

눈빛만으로도
마음이 통할 수 있는
우리의 만남은

언제나
녹차처럼 은은하고
향기로운 맛

다시 끓여도
새롭게 우러나는
사랑의 맛

친구여 오십시오

오랜 세월이 지나도
퇴색지 않는 그리움이
잔디처럼 돋아나는
내 마음에
오늘은 주님의 손을 잡고
웃으며 들어오는
어진 눈빛의 친구여

물이 흐르는 듯한
그대의 음성을
음악처럼 들으며

나는
하늘빛 찻잔을 준비합니다

나눔의 기쁨으로
더욱 하나가 될
우리의 만남을
감사하면서

만남
차를 마셔요, 우리

오래 사랑하는 법을 배우고 싶거든
차를 마셔요, 우리

찻잔을 사이에 두고
우리 마음에 끓어오르는
담백한 물빛 이야기를
큰 소리로 고백하지 않아도
익어서 더욱
향기로운 사람이 될 수 있도록
함께 차를 마셔요

오래 기뻐하는 법을 배우고 싶거든
차를 마셔요, 우리

마음의 창을 활짝 열고
산을 닮은 어진 눈빛과
바다를 닮은 푸른 지혜로
치우침 없는 중용을 익히면서
언제나 은은한 미소를 지을 수 있도록
함께 차를 마셔요

오래 참고 기다리는 법을 배우고 싶거든
차를 마셔요, 우리

뜻대로만 되지 않는 세상일들
혼자서 만들어 내는 쓸쓸함
남이 만들어 준 근심과 상처들을
단숨에 잊을 순 없어도
노여움을 품지 않을 수 있는
용기를 배우며 함께 차를 마셔요

차를 마시는 것은
사랑을 마시는 것
기쁨을 마시는 것
기다림을 마시는 것이라고
다시 이야기하는 동안
우리가 서로의 눈빛에서 확인하는
고마운 행복이여

조용히 차를 마시는 동안
세월은 강으로 흐르고
조금씩 욕심을 버려서

더욱 맑아진 우리의 가슴속에선
어느 날 혼을 흔드는
아름다운 피리 소리가 들려올 테지요?

만남

꽃마음으로 오십시오

꽃들이 한데 어우러진
이 고운 자리에
꽃처럼 순하고 어여쁜
꽃마음으로 오십시오

있어야 할 제자리에서
겸허한 눈길로 생각을 모으다가
사람을 만나면
환히 웃을 줄도 아는
슬기로운 꽃
꽃을 닮은 마음으로 오십시오

꽃 속에 감추어진
하늘과 태양과
비와 바람의 이야기
꿀벌과 나비와 꽃을 사랑하는
모든 사람들의 이야기
꽃이 좋아 밤낮으로
꽃을 만지는 이들의 이야기

그 이야기를 들으며

기쁨을 나누는 우리의 시간도
향기로운 꽃으로 피어날 수 있도록
기다림의 꽃마음으로 오십시오

열매 위한 아픔을 겪어
더욱 곱게 빛나는
꽃마음으로 오십시오

만남
차 한잔 하시겠어요?

'차 한잔 하시겠어요?'
사계절 내내
정겹고 아름다운
이 초대의 말에선
연둣빛 풀 향기가 난다

그리운 사람을 만나
설렘을 진정시키고 싶을 때
아름다운 자연을 만나
감동의 눈물을 흘리고 싶을 때
우리는 고요한 음성으로
'차 한잔 하시겠어요?' 한다

낯선 사람끼리 만나
어색한 침묵을 녹여야 할 때
잘 지내던 사람들끼리 오해가 쌓여
화해의 대화를 시작해야 할 때도
우리는 마음을 가다듬고
'차 한잔 하시겠어요' 한다

혼자서 일하다가

문득 외롭고 쓸쓸해질 때도
스스로에게 웃으며
'차 한잔 하시겠어요?' 하며
향기를 퍼 올린다

'차 한잔 하시겠어요?'
이 말에 숨어 있는
사랑의 초대에
언제나 '네!'라고 대답하는
사람이 될 수 있기를

결혼 축시
사랑의 사람들이여

서로의 이름을
부르는 것만으로도
사랑의 깊이를 확인할 수 있는
두 사람이
꽃과 나무처럼 걸어와서
서로의 모든 것이 되기 위해
오랜 기다림 끝에
혼례식을 치르는 날
세상은 더욱 아름다워라

둘이 함께 하나 되어
사랑의 층계를 오르려는
사랑의 사람들이여
하얀 혼례복처럼
아름답고 순결한 기쁨으로
그대들의 새 삶을 채우십시오
어느 날
시련의 어둠이 닥치더라도
함께 참고 함께 애써
더욱 하나 되는
사랑의 승리자가 되어 주십시오

서로가 서로에게
문을 열어
또 한 채의
"사랑의 집"을
이 세상에 지으려는
사랑의 사람들이여

사랑할수록 애틋하게 타오르는
그리움과 목마름으로
마침내는 주님의 이름을
나직이 불러 보는
고운 사람들이여

어떠한 슬픔 속에서도
이 세상에 살아 있는 동안은
오직 사랑만이 기도이며
사랑만이 영원하다는 것을
그대들의 삶으로
보여 주십시오

사제
은총의 사람들이여

그리스도와 함께
새로이 축성된
그리스도의 사제여
사막에 피어난
선인장꽃이 유난히 돋보이듯
세상이란 사막에서
존재 자체로
우리의 기쁨을 더해 주는
그리스도의 사람이여

온 우주에
빛과 생명으로 스며드는
하늘의 태양처럼
그리스도의 성체와 성혈로
우리를 키워 주는
지상의 태양 사제여
힘차고도 고요한
빛으로 우리에게 오십시오
그리스도의 진리로
세상의 죄악과 부패를 막아
더욱 빛나는 하얀 소금으로 오십시오

세상 바다
깊은 곳으로 들어가
많은 물고기를 낚아 올릴
그리스도의 어부여
때로는 버림받은 예수님처럼
고뇌의 땀을 홀로 닦으며
깨어 있을 고독한 구도자여
용기를 내십시오
그대 곁엔 우리의 기도가
물 흐르고 있음을
항시 기억하십시오

우리가 그리스도의 놀라운 능력을
감사하지 않고는 못 견디게 만드는
은총의 사람이여
그대는 우리를 구원으로 이끄는
그리스도의 초록빛 창문이니
언제나 그 문을 우리에게 열어 주십시오

그리스도의 사랑 안에서

우리가 사랑하는 그리스도의 사제여
그대의 전 생애가 하느님께 바쳐지는
아름다운 첫 미사이길 축원하는
우리의 이 간절한 마음을
기쁨의 노래로 받아 주십시오

사제

사제를 위한 연가

개인적 친분은 그리 중요하지 않아요
멀리서 바라보기만 해도
우리의 가슴이 뛰고 설레게 하는 당신을
신부님! 하고 나직이 불러 보면
마음엔 장미 한 송이 피어나고
고향의 시냇물이 흘러갑니다

생의 모든 순간마다 거룩한 성사를 이루며
존재 자체로 빛과 소금인 예언자
당신은 언제나
우리의 스승이고 애인이고 친구입니다
우리의 이상이고 기쁨이고 희망입니다

모든 이를 끌어안되 누구의 소유도 되지 않으며
모든 이와 함께하되 항상 홀로여야 하는
아름답지만 고독한 길 위에서
때로는 힘들어 눈물 흘리며 하늘빛 지혜를 구하는
당신의 겸손을 존경합니다
좋은 일 생기면 소년처럼 수줍게 웃는
담백한 순수함을 사랑합니다

서늘하고도 뜨거운 사랑의 눈길로
당신이 제단에서 정성 다해 두 손 모을 때
우리도 두 손 모으며 순결하고 거룩한 사람으로
다시 태어나는 기쁨을 어찌 다 감사할 수 있을까요

말로는 다 표현 못할 영원에 대한 그리움과 목마름
순례자인 우리의 애틋한 영적 갈망을
이 지상에서 당신 아닌 누구도 채워 줄 순 없습니다

그리스도와 함께 오늘도
놀라운 사랑의 기적을 만들어 가는
그리스도의 사제여 눈사람을 닮은 예수님이여
당신이 살아 계신 세상은 아름답고 행복합니다
어둠 속에서도 빛을 잃지 않습니다

언제 어디서나 우리를 기다리는 집이 되어 주십시오
선과 진리가 승리하는 은총의 시간으로 우리를 초대하며
끝까지 함께 계셔 주십시오

우리 또한 당신 위해 기도를 멈추지 않아 행복한
당신의 사람들임을 자랑스러워하며

오늘도 겸손되이 강복을 청합니다
분꽃처럼 환히 웃어 봅니다

종신 서원 축시

동그란 사랑의 삶을

주님의 첫 부르심에 대한
응답의 시간이 있었기에
청빈 정결 순명의 삶을
애써 가꾸어 온 정성이 있었기에
환희의 꽃술을 달고 하얗게 피어난
2월의 매화처럼
오늘은 환히 웃어 보는 복된 동녀들을
축복해 주십시오 주님

새로이 축성된
동그란 반지처럼
동그란 사랑의 삶을
새로이 선택하며
영원한 약속으로 꽃피운
주님의 여종들을 굽어보십시오

앞으로의 삶의 여정에서
마음 안으로 감겨 갈
희망과 기쁨의 세월
시련과 어둠의 모든 세월을

주님께 대한 믿음과 신뢰로
고이 받아안을 수 있는
지혜의 촛불을
켜 들게 하십시오

하늘로 이어지는 침묵 속에
사랑의 심지를 돋우어
아낌없이 자신을 태우는
봉헌의 촛불이 되게 하십시오

"주님 언약대로 나를 받으소서
나 당신 안에 살리오니
나의 희망이 부끄러움을
당하지 말게 하소서"

온전한 사랑은
온전한 비움이기에
사랑의 약속이
더욱 두렵고 떨리는 것임을
깨우쳐 주시는 주님
오늘 더욱 영원히

자신을 봉헌하는 이들의 마음에
은혜의 강으로 흐르는 눈물
기쁨의 눈물을 받아 주십시오

일과 기도의 조화로
일상이 더욱 빛나는 우리의 삶터에서
그들과 함께 당신을 기리는
우리의 뜨거운 기도와
감사의 노래를 받아 주십시오 주님

서원
반지

약속의 사슬로
나를 묶는다

조금씩 신음하며
닳아 가는 너

난초 같은 나의 세월
몰래 넘겨보며

가늘게 한숨 쉬는
사랑의 무게

말없이 인사 건네며
시간을 감는다
나의 반려는

잠든 넋을 깨우는
약속의 사슬

서원

사랑의 약속

그분에게
네! 하는 순명의 순간부터
마음대로 할 수 없는 구속입니다

그러나 한곳에 속해 있어
모든 것에서 놓여나는
담백한 자유입니다

사랑의 약속은
지킬수록 단단해지는 보석입니다
충실할수록 아름답게 빛나는
무언의 노래입니다

피정

함께 걷는 길 위에서

진리를 찾아
함께 길을 가던 우리가
잠시 멈춰 서서
서로의 얼굴을
마주 보며 웃는 자리
서로의 샘에서
선과 사랑을 길어 올리는
이 은혜의 쉼터에서
우리는 고마운 마음으로
하늘을 보네

마음의 밭에 묻힌 보물
열심히 찾아서
나누는 기쁨
마음의 창을 열고
함께 마시는
은총의 바람 안에
너와 내가 하나 되는
삶의 기쁨이네

주님을 따라

함께 길을 가며
함께 부르는 노래는
더욱 아름답고
함께 바치는 기도는
더욱 새로운 힘이 있음을
다시 아는 우리

우리는 이제
처음부터 겸허하게
함께 듣고
함께 배우며
우리의 마음을
갈고닦아야 하리

언젠가는 꼭
맑고 푸른 호수 하나 고여 오르도록
깊고 높은 산 하나 솟아오르도록
우리의 마음을
갈고닦아야 하리

나라 생각
우리를 흔들어 깨우소서

어디서나 산이 보이고 강이 보이는
작지만 사랑스런 나라
우리가 태어나 언젠가 다시 묻혀야 할
이 아름다운 모국의 땅에서
우린 늘 아름다운 것을 기억하며
아름답게 살고 싶습니다
이 소박한 꿈이 헛되지 않도록
우리를 긴 잠에서 흔들어 깨우소서, 주님
또 한 해가 저물기 전에 두 손 모으고
겸허한 참회의 눈물을 흘릴 줄 알게 하소서

나라의 일꾼으로 뽑힌 사람들이
거짓과 속임수를 쓰며
욕심에 눈이 어두운 세상
자식이 어버이를 죽이고
제자가 스승을 때리며
길을 가던 이들이 무참히 살해당하는
우리의 병든 세상을 불쌍히 여기소서

자신의 편리를 위해 자연을 훼손하고
그럴듯한 이유로 합리화시키며

잉태된 아기를 수없이 죽이면서도
해 아래 웃고 사는 우리의 태연함을
가엾이 여기소서

한 주검을 깊이 애도하기도 전에
또 다른 주검이 보도되는 비극에도
적당히 무디어진 마음들이 부끄럽습니다
하늘에서, 땅에서, 강에서, 바다에서
불의의 사고로 목숨을 잃은
우리 가족과 이웃들을 굽어보소서

잘못된 것은 다 남의 탓이라고만 했습니다
"주님, 저는 아니겠지요?"라고
비겁하게 발뺌할 궁리만 했습니다

자신의 아픔과 슬픔은
하찮은 것에도 그리 민감하면서
다른 사람의 엄청난 아픔과 슬픔엔
안일한 방관자였음을 용서하소서

우리가 배불리 먹는 동안

세상엔 아직 굶주리는 이웃 있음을
따뜻한 잠자리에 머무는 동안
추위에 떨며 울고 있는 이들 있음을
잠시도 잊지 않게 하소서

사랑에 대해서 말하기보다
먼저 사랑을 실천할 수 있도록
생명에 대해서 말하기보다
먼저 생명을 존중할 수 있도록
우리 모두를 변화시켜 주소서, 주님
항상 생명의 맑은 물로 흘러야 할 우리가
흐르지 않아 썩은 냄새 풍기는
오만과 방종으로 더럽혀지지 않게 하소서
사랑이 샘솟아야 할 우리 가정이
미움과 이기심으로 무너져 내리지 않게 하소서

나 아닌 그 누군가가
먼저 나서서 해 주길 바라고 미루는
사랑과 평화의 밭을 일구는 일
비록 힘들더라도
나의 몫으로 받아들이게 하소서

처음부터 다시 시작해야 할
참됨과 선함과 아름다움의 집을
내가 먼저 짓기 시작하여
더 많은 이웃을 불러 모으게 하소서
지워지지 않는 그리움을 가슴에 묻고
나직이 죽은 이를 불러 보는 낙엽의 계절
우리는 이제 뉘우침의 눈물을 닦고
희망의 첫삽에 기도를 담습니다, 주님

나라 생각

우리 모두 초록빛 평화가 되게 하소서
— 제63회 현충일 추념식(2018. 6. 6.)에서

나라와 민족 위해 목숨 바친
수많은 님들을 기억하며
우리 마음의 뜰에도
장미와 찔레꽃이 피어나는 계절
경건히 두 손 모아 향을 피워 올리고
못다 한 이야기를 기도로 바치는 오늘은 6월 6일
몸으로 죽었으나 혼으로 살아 있는 님들과
우리가 더욱 사랑으로 하나 되는 날입니다

바쁜 것을 핑계로 더러는 무심하고
숨 가쁘게 달려온 시간 속에도
님들의 고귀한 희생으로
오늘의 우리가 있음을
결코 잊은 적이 없습니다
우리가 순하게 태어났고
언젠가는 묻혀야 할 어머니 땅
작지만 정겹고 아름다운 이 땅에서
우리는 어떻게 살아야 하겠습니까
어떻게 사랑해야 하겠습니까
침묵의 소리로 말씀하여 주십시오

깊고 간절한 그리움 끝에
하늘과 땅을 잇는 바람으로 오시렵니까
오랜 기다림 끝에 남과 북을 이어 주는
평화의 빛으로 오시렵니까

설악산과 금강산이 마주 보며 웃고
한강과 대동강이 사이좋게 흐르는
한반도의 봄을 꿈꾸는 우리와 함께
이미 죽어서도 아직 살아 있는
님들의 환한 미소가 태극기 속에 펄럭입니다
뜨거운 눈물이 차가운 비석을 적시는 감동을
님들과 함께 나누는 오늘입니다

피보다 진한 그리움으로 다시 불러 보는 이름
세월이 가도 시들지 않는 사랑으로
겨레의 가슴속에 푸른 별로 뜨는 님들이여
우리의 영원한 기다림이시여
힘들 때 힘이 되는 위로자시여

우리가 잘했을 땐 함께 웃어 주고
잘못했을 땐 눈물 흘리며

잠든 혼을 흔들어 깨우는
지혜로운 스승이시여

미움을 사랑으로 녹이는
불이 되라 하십니까, 우리에게
절망을 희망으로 바꾸는
노래가 되라 하십니까, 우리에게

새로운 역사의 길 위에서 이제 우리는
다시 사랑하고 다시 희망하며
행복을 꿈꾸는 사람들이 되겠습니다

'모두가 당신 덕분입니다'라고
서로 먼저 고백하고
서로 먼저 배려하는
사랑의 사람이 되겠습니다

봄 · 여름 · 가을 · 겨울
사계절이 아름다운 이 땅에서
내가 먼저 길이 되는 지혜로
내가 먼저 문이 되는 겸손으로

깨어 사는 애국자가 되겠습니다
누군가를 위한 디딤돌이 되겠습니다
인내와 용기가 필요한 일상의 싸움터에서도
끝까지 견뎌 내는 승리의 용사가 되겠습니다

분단과 분열의 어둠을 걷어 내고
조금씩 더 희망으로 물들어 가는 이 초록빛 나라에서
우리 모두 존재 자체로 초록빛 평화가 되게 하소서
선이 승리하는 기쁨을 맛보며 다시 태어날 수 있도록
어제처럼 오늘도 오늘처럼 내일도
늘 우리 곁에 함께 계셔 주십시오

새롭게 사랑합니다
새롭게 존경합니다
그리고 새롭게 감사합니다

평화

평화로 가는 길은

이 둥근 세계에
평화를 주십사고 기도하지만
가시에 찔려 피 나는 아픔은
날로 더해 갑니다
평화로 가는 길은 왜 이리 먼가요
얼마나 더 어둡게 부서져야
한 줄기 빛을 볼 수 있는 건가요
멀고도 가까운 나의 이웃에게
가깝고도 먼 내 안의 나에게
맑고 깊고 넓은 평화가 흘러
마침내 하나로 만나기를
간절히 기도하며 울겠습니다
얼마나 더 낮아지고 선해져야
평화의 열매 하나 얻을지
오늘은 꼭 일러 주시면 합니다

평화

평화를 위한 기도

오늘도 저희를 평화의 길로 부르시는
평화의 주님
새로이 솟아오르는 밝고 둥근 태양을
하늘에서 마음까지 들여놓고 평화를 기원하며
새 천년의 시작을 기뻐했던 새날 새해였습니다

새 천년의 첫해를 마무리하기도 전에
이렇듯 상처받은 가슴으로 눈물 흘리는 저희를 굽어보소서
아니 너무도 놀라 우는 법조차 잃어버린
안타깝고 무력한 여기 저희들을 가엾이 여기소서

날마다 가까이 보이는 것은 폭력과 파괴의 손길
복수와 증오심에 불타는 눈빛들
들리는 것은 전쟁으로 죽어 가는 이들의 신음과
굶주림으로 비탄에 잠긴 한숨 소리들
기도를 하면서도 기도가 되지 않는
저희의 착잡한 날들입니다
세계에 평화가 없으므로
저희 마음도 평화를 잃었습니다
"세상을 정복하기 위해 필요한 것은
폭탄이나 총이 아니라 사랑과 자비심뿐"이라는

마더 데레사의 목소리를 다시 기억합니다
"폭력이 성취하는 듯 보이는 선은 오직 외적인 선일 뿐
폭력이 가져오는 해로움은 영원하다"는
마하트마 간디의 말을 함께 기억해 봅니다

진정 빛이 어둠을 이긴다고 하셨지요
원수까지도 사랑하는 용서만이
가장 힘 있는 승리임을 몸소 가르치시며
모든 이에게 평화가 되신 그리스도 당신만이
저희의 변함없는 위로이십니다

십자가 위에서 고통받으시는 당신의 목마름에 동참하며
겸손히 회개하는 마음으로 당신께 청하고 싶습니다

전쟁은 다시 전쟁을 낳고
폭력은 다시 폭력을 낳듯이
사랑은 다시 사랑을 낳고
용서는 다시 용서를 낳아
평화로 이어지는 다리가 됨을
이 세상 모든 이가
다시 알아듣고 다시 실천하게 하소서

미움의 칼을 내려놓고
복수의 총을 내려놓고
진정 하늘을 두려워할 줄 알게 하소서

오늘도 저희를 평화의 길로 부르시는
평화의 주님

오직 평화만이
온 인류가 하나로 손잡고 들어가는
생명의 문화임을 기억하면서
저희 모두 가정에, 나라에, 그리고 전 세계에
각자의 자리에서 열심히 평화를 심는
평화의 도구 되게 하소서
아멘

축하의 글

샘물처럼 맑고 산처럼 높고 바다처럼 깊은

유사 이래 지금까지 사람들이 사는 세상은 그리 밝지가 않습니다. 기쁨보다 슬픔이 많고 웃음보다 아픔이 많은 것이 우리의 삶입니다. 사소한 미움과 노여움에서부터 갈등과 반목에 이르기까지 강퍅한 마음이 우리를 옥죄고 있습니다. 이러한 상황에서 인류가 이만큼 발전과 번영을 이루어 온 것은 기도 때문입니다. 슬픔과 아픔이 이어질 때 거기서 벗어나게 해 달라고 간절히 기도하는 사람들이 있었기에 그들의 소망이 이루어진 것입니다. 우리의 기도를 반드시 들어주시는 그분이 있기에 이만큼 살기 좋은 세상이 펼쳐진 것입니다. 그런 의미에서 기도는 우리의 양식이고 동력입니다.

  우리의 기도는 시간과 공간을 가리지 않습니다. 지하철에서도 사무실에서도 길거리에서도 놀이터에서도 기도는 가능합니다. 기도와 함께 사는 우리들을 위해 이해인 수녀님께서 기도시 200편을 선물해 주셨습니다. 이 기도 시집은 수녀님의 수도 서원 50주년을 맞아 새롭게 편성한 것입니다. 이 시편들은 우리의 기도가 어떠해야 하는지 하나의 전범을 보여 줍니다. 기도를 멀리했던 사람들도 기도에 눈을 떠 영적 개안開眼을 할 수 있도록 전환의 계기를 만들어 줍니다. 그러나 그 목소리는 크지 않고 어조는 부드럽습니다. 낮게 속삭이듯 묵상에 가까운 음조로 우리 마음에 젖어 듭니다. 수녀님의 시를 따라 기도하면 우리 마음이 물처럼 고요해집니다.

　물은 맑고 깨끗합니다. 그래서 자신의 모든 것을 다 비추어 줍니다. 계곡의 맑은 물을 들여다보면 작은 물고기와 흔들리는 물풀, 잔돌과 모래까지 모두 보입니다. 물은 언제나 낮은 곳을 향해 끊임없이 흐릅니다. 가장 낮은 곳으로 흐르지만 모이고 모여 큰 강도 이루고 거대한 바다에 도착합니다. 우리도 물처럼 자신의 모든 것을 드러내는 겸허한 마음을 가져야 합니다. 낮은 곳으로 흐르는 온유한 마음, 주위의 이웃들을 적셔서 윤기를 주는 평화의 마음, 흐르고 흘러 종국엔 주님의 바다에 이르는 견인堅忍의 마음이 우리에게 필요합니다.

　대부분의 샘물은 산에서 발원합니다. 높은 산 어디선가 맑은 물이 솟아나 아래로 흐릅니다. 수녀님 시에는 여러 가지 산의 덕성으로 기도의 마음을 표현한 작품이 많습니다. 산은 너그럽습니다. 산은 생명의 서식지입니다. 모든 것을 차별 없이 포용하고 무성하게 키워 줍니다. 산에서는 식물과 동물은 물론이요 곤충과 미생물까지 생명 가진 모든 것이 번창합니다. 생명 없는 바위나 돌, 물이나 공기도 산에서 가장 거룩한 모습을 드러냅니다. 주님의 사랑은 바로 산과 같습니다.

　산에서 발원한 샘물이 큰 물줄기를 이루고 여러 강물이 바다로 흘러듭니다. 바다는 산보다 더 큰 생명의 보고입니다. 넓이를 알 수 없고 깊이 또한 헤아릴 수 없습니다. 산처럼 높은 주님의 사랑이 맑은 물로 흘러 깊은 바다에 이릅니다. 산의 높이와 바다의 깊이가 물을 통해 하나로 연결됩니다. 그런 의미에서 산과 물과 바다는 삼위일체의 상징성을 갖습니다.

 우리는 이 『사계절의 기도』를 통해 샘물처럼 맑고 산처럼 높고 바다처럼 깊은 기도의 말씀으로 들어갈 수 있습니다. 그리고 기도의 밝은 빛이 우리에게 생생히 육화되어 기쁨과 눈물로 피어나는 것을 체험할 수 있습니다. 소망과 평화의 기쁨을 갖게 되고 감사와 참회의 눈물을 흘리게 됩니다. 이 모든 축복은 말씀에서 옵니다. 태초에 주님과 함께 있었고, 이제 우리 곁에서 은밀히 속삭이는 그 말씀의 무한한 은총에 가장 낮은 마음으로 다가갈 때입니다. 여기 동참하시는 모든 분들의 기도에 감사할 따름입니다.

이숭원(문학평론가, 서울여대 명예교수)